我一生的哲学

稻盛和夫

日本『经营之圣』稻盛和夫奉行一生的理念与哲学

李永宁◎著

中国友谊出版公司

图书在版编目（CIP）数据

稻盛和夫：我一生的哲学 / 李永宁著. — 北京：中国友谊出版公司，2023.7
　　ISBN 978-7-5057-5654-0

Ⅰ. ①稻⋯ Ⅱ. ①李⋯ Ⅲ. ①稻盛和夫－人生哲学 Ⅳ. ①K833.135.38 ②B821

中国国家版本馆CIP数据核字（2023）第106972号

书名	稻盛和夫：我一生的哲学
作者	李永宁
出版	中国友谊出版公司
发行	中国友谊出版公司
经销	新华书店
印刷	北京世纪恒宇印刷有限公司
规格	700×980毫米　16开 15.75印张　169千字
版次	2023年7月第1版
印次	2023年7月第1次印刷
书号	ISBN 978-7-5057-5654-0
定价	48.00元
地址	北京市朝阳区西坝河南里17号楼
邮编	100028
电话	（010）64678009

如发现图书质量问题，可联系调换。质量投诉电话：010-82069336

目　录

前言 01

第一章　动机至善，了无私心

贯彻正道：作为人，何谓正确 / 003

注重利他主义，才能在市场上站稳脚跟 / 007

追求经济效益的同时，提升社会效益 / 011

为身边的人做力所能及的工作 / 016

保持透明的经营方式，赢得信任 / 021

以团队利益为中心，拒绝牟取私利 / 028

第二章　无梦之人不会有创造和成功

描绘一个伟大的蓝图 / 035

内心不渴望的东西，不可能靠近自己 / 040

设定一个高出自己现有能力的目标 / 045

重视短期目标，不要被长远的计划迷惑 / 049

做事时，问问自己有没有更好的方法 / 054

有意识地注意，保持明确的目的 / 059

想要获得发展，先了解自己的器量 / 063

把握智慧迸发的瞬间 / 067

第三章　每天都要极度认真地活着

脚踏实地，不要总是想着走捷径 / 075

付出不亚于任何人的努力 / 079

将每一件毫不起眼的小事做到极致 / 083

做别人认为做不成的事情 / 088

在旋涡的中心工作，争做团队核心 / 093

在工作中投入"爱" / 098

持续做一件事 / 102

影响员工的最好方法就是以身作则 / 106

第四章　面对诱惑，坚持自己的哲学

抓住事物单纯的本质 / 113

保持简单，拒绝复杂 / 117

关注事情发生的源头而不是结果 / 121

大善似无情，小善乃大恶 / 126

遇事不要卑怯和躲闪，坚守立场 / 130

维护纪律，强化内部管理 / 134

第五章　以道德为基础的人格教育刻不容缓

做人要真诚，不要使用阴谋诡计 / 141

谦卑的态度，是个人获得成功的基本保障 / 145

坚持节俭的生活风格，量入为出 / 149

众人平等，不要有区别心 / 154

每天都要坚持自我反省 / 159

选人要看品德 / 163

企业也需要掌握道德制高点 / 167

第六章　越是磨难处，越是修心时

改变消极的工作态度，寻找工作中的乐趣 / 173

坚持心与心交流，才能减少摩擦 / 178

抑制欲望，保持纯粹之心 / 182

忘却感性的烦恼 / 186

正视并接受自己的缺点 / 190

把自己逼入绝境 / 194

打造强大的心态 / 198

第七章 人生不是一场物质的盛宴，而是一次灵魂的修炼

践行京瓷哲学，一切归于自然 / 205

幸福来源于对平凡生活的感知 / 209

保持感恩之心 / 213

人生需要建立一种正确的思维方式和信仰 / 217

寻找自己存在的意义 / 221

人生就是一场心智修炼 / 224

后记 / 229

前　言

吉姆·柯林斯曾经提出过五级领导者的概念。吉姆·柯林斯经过多年研究和分析，将领导者分成5个层级，不同层级的领导者具有不同的水平和特质，在领导团队方面所起到的作用也不相同。那么，具体是哪5个层级呢？

第一级领导者大多是技术骨干和技术精英，这些人素质很高，技术能力出众，且拥有良好的工作态度，但管理才能有限，无法带领团队变得更好。

第二级领导者是那些具有奉献精神的团队成员，这类人具有强烈的责任感和团队意识，属于团队型人才，协调能力出众，但缺乏统筹和领导能力。

第三级领导者是那些能干的经理，他们善于组织和分配资源，能够做到物尽其用，人尽其才，确保目标得以实现，但在其他管理方面有所欠缺。

第四级领导者是高效的领导者，这类领导者目标明确、工作认真专注、善于激励和引导，职业精神值得称赞。

第五级领导者属于五级执行官，这类人具有强大的个人能力和领导能力，能精准掌控好自己和团队，管理能力出色，为人谦逊低调，拥有非凡的意志力，极为注重团队的可持续发展。

按照这种层级划分，稻盛和夫可算作第五级领导者，他高瞻远瞩，具有远大的目标；管理才能出色，曾一手打造了两家世界500强企业；他为人谦逊低调，深得客户与员工的爱戴；他拥有强大的意志力，先后经历数次磨难，但总是能履险如夷，咬紧目标不放松，等来拨云见日的一天。作为"经营之圣"，稻盛和夫身上的光环十分耀眼，但他同时又那么随和低调，没有任何架子。在他的身上，几乎看不到那种咄咄逼人的威严和气场，但他在无形中对身边的人又总是颇具不易觉察的感染力和影响力。

关于领导力和领导水平的问题，稻盛和夫在一次演说时，主动谈到了理想的领导人应该是什么样的。他说，当他在思考领导力和领导水平这个问题时，头脑里浮现出来的第一个形象就是美国西部大开发时期篷马车队的队长。众所周知，这些篷马车队当年从北美大陆东部出发，前往人迹罕至的西部大地，整个行程得耗时几个月甚至一年以上。路上除了自然灾害之外，还要面临食物短缺、疾病、意志力薄弱、彼此争斗的威胁，因此，顺利抵达目的地的车队少之又少。这些幸运的车队之所以成功，往往是因为它们拥有一位意志非凡、见识卓越且身先士卒的队长，凭借其令人信服的领导力带领各自的车队克服种种困难、挫折和失败，坚持到底。

稻盛和夫认为美国如今的繁荣，尤其是西部地区的IT产业繁荣，离不开当年的篷马车队，如果不是篷马车队奠定了厚实的基础，西部开发将不会如此顺利。更重要的是，篷马车队队长所展示出来的领导力具有更广泛的现实指导意义，稻盛和夫认为这些队长体现出来的正是优秀领导者所具备的资质。

他将这些资质归结为5点：

第一，具备使命感。稻盛和夫认为，美国西部大开发的根源在于人们追求富裕的愿望和野心，而篷马车队队长更是处于这种强烈愿望的顶点。不过在衡量个人愿望和团队目标时，队长能够摒弃私欲，以实现团队利益为使命，最终赢得大家的信任和支持，因此整个队伍可以在相互扶持和统一领导下坚持走下去。稻盛和夫认为，在创办企业之初，企业领导人需要培养自己的使命感，为了推动企业进一步的发展，他们必须提出团队能够共同拥有的、符合大义名分的、崇高的企业目的，并将其作为企业的使命。

第二，明确地描述目标并实现目标。对于篷马车队队长而言，必须有一个明确的行进目标，并坚定地持守这个目标，如果他们比其他队员率先放弃，那么队伍就无法到达西部。如果队长不能准确描述一个目标，而是随意设定目标，可能会让团队产生混乱和无力感。

对企业领导者来说，必须设定一个明确而合理的目标，并将这个目标分解到组织中的每个单位，并指导每位员工的工作。领导人必须倾注热情向员工传递组织的愿景，把自己的能量转移到员工身上，顺利调动员工的工作热情，以实现每一个阶段的工作目标。

第三，挑战新事物。美国的西部开发史就是一部挑战未开发土地、挑战未知领域的历史，篷马车队队长在这一方面必定有着过人的胆识和魄力，他们敢于接受挑战，向着未知领域逐步迈进。

在经营管理企业的时候，如果领导人害怕变革，对未知领域感到恐惧，那么整个团队也就难免会丧失进取之心。因此，稻盛和夫一直强调团队必须勇于接受挑战，运用将来进行时的理念来对照和解决今日的问题，突破能力的局限。

第四，获取众人的信任和尊敬。篷马车队实际上是由若干小组和家庭组成的队伍，在几个月甚至一年以上的长时间迁徙中，粮食、水、蔬菜，都必须进行合理分配，如果没有一个合理的分配方式，那么内部很容易出现纷争和内耗，导致团队分裂。队长必须有足够的权威，能够赢得大家的信任和尊重，这样才能找到所有人均可接受的分配方法和协调方案。

在企业管理中也是一样，如果管理者和领导人无法赢得他人的信任和尊敬，那么就无法发挥出领导、协调、分配等作用，整个团队的凝聚力和向心力也就涣散了。所以，对于领导者来说，必须做到公平公正、积极乐观、沉稳真诚，这样才能掌控好团队。

第五，抱有关爱之心。在前往西部的过程中，队长虽然是名义上的领导者，但需要随时倾听其他成员的建议和意见，需要懂得发挥众人的才智，需要尊重其他人的想法，给予成员最基本的尊重，而不是依赖强权一意孤行。

稻盛和夫认为，一个优秀的领导者应该是一个"以大爱为根基的反映民意的独裁者"，他具有领导的魄力，也能在管理上彰显人性的光辉，能够有效掌控整个团队。这是稻盛和夫的自我要求，也是对其他经营者的期待。

多年来，稻盛和夫身后不乏很多学习者，但成功者寥寥无几，因为很多人都在想办法从外在的方法和技巧上寻求经验，却忽略了稻盛和夫经营管理思维的核心。在经营管理方面，相比于动用权力，相比于运用各种制度和方法，稻盛和夫更加强调理念的输出和传播。也就是说，他将自己的思维模式和行为模式，当成一种生活理念和哲学理念，而不是一种应付差事的技巧。他觉得技巧是外在的、形式上的，可以轻易掌握和展示出来，而理念是一种由内而外释放出来的状态，是个人成熟思维的体现，这种理念会在个人的行为模式中展现出来。有一件事情很有趣：在盛和塾成立之初，稻盛和夫曾回顾了自己的创业经历，他并没有像其他人那样自豪地说"我提高了自己的经营技巧"，而是将那段时间说成"那些不断提高理念的日子"。显而易见的是，稻盛和夫有意无意地在强化个人理念的培养和塑造，他将其当作人生修行的成果，应该是一种气质好的内涵，而不仅仅是学习到了某种技巧。

企业家往往注重掌握管理技巧、经营方法的学习，注重一些管理形式上的提升，稻盛和夫与此不同，他更加看重个人理念的成形，始终坚持认为个人的思维方式和生活理念才是最重要的。思维方式应该是一个领导者最重要的资质，而且这种资质并不是空泛的，企业家不能一直高高在上地思考战略方向，规划企业发展的道路，而应该深入基层，应该到具体的、琐碎的实践中来构建人生理念，构建一个由一件件具体而琐碎的事情集合而成的从行为影响到价值观呈现的思维方式。

稻盛和夫的这些认知并非一蹴而就，而是在几十年的经营管理生涯中慢慢总结和完善出来的。他也并非一个大器晚成的企业家，不是一个大器晚成的哲人，在27岁的时候，他几乎凭借一己之力带领团队成功创立京都陶瓷株式会社（简称京瓷），在那之后在实践和思考中不断丰富和完善自己的思维方式，形成了一套非常成熟且有效的哲学体系。比如在创立京瓷的过程中，他就强调将那些作为人应该做的事情逐条进行归纳，最终整合成了一套"京瓷哲学"，即他反复说的"人生应有的思维方式"。

从某种意义上来说，企业领导基本上可以作为整个社会的道德统一性的象征，他们身上体现出了凝聚社会能量的价值观，输出了人们心中所期待的那些伟大愿景，就连社会上存在的那些偏执想法与狭隘的价值观，在企业家身上也得到了完美的修正，在某种程度上说，是他们确保整个社会得以形成一个更和谐的统一体。

不过，大多数企业家仍旧停留在通过经营管理来实现个人最大价值，而稻盛和夫则对自身的成功管理实践经验进行总结，并想办法与个人的信仰联系在一起，形成了出色的哲学体系。几十年来，他先后创造多个商业奇迹，帮助诸多公司实现成功，本质上来说就是个人哲学的成功。在这个哲学体系中，既有商业上的见解和突破，也有宗教式的道与法，更有人道的明心见性，核心就是人心的自我修缮和提升，通过修心来贯彻"以心为本"的经营哲学。

真正难能可贵的是，对于这些哲学观点、人生理念和思维方式，他并没有选择藏私，而是不断向员工讲述和灌输相关的思想理念，努力让所有员工都接受和认同这些理念。这类似于今天强调的企业文化，对于每一个进入企业的人而言，都要努力学习、适应和接受企业文化，这是个人做好工作、实现个人价值的前提。当稻盛和夫提出京瓷哲学并要求所有人都要学习和接受时，内部有很多人都有所抵触，他们觉得思维方式是个人的自由，每个人都有自己的思想体系，难道进了京瓷以后，就一定要改变自己，完全服从京瓷的思维方式吗？不少人痛骂稻盛和夫虚伪，是沽名钓誉之徒，为了自己那些不切实际的人生理念和追求，竟然要钳制员工个人的思想，这就是在犯罪。外界也对稻盛和夫的"洗脑式"价值输出感到不满。

但是在稻盛和夫看来，一个企业的思维方式如果不能够统一，那么员工对于企业的发展目标就会产生不同的理解，员工的行为也难以形成一个相互契合、统一执行的状态。可是稻盛和夫并不打算强制输出自己的价值观和人生理念，在他看来，想要影响别人，那么最简单的方法就是做好自己应该做的事，给所有人树立一个好的榜样，以身作则来建立权威。有人曾经问稻盛和夫，怎样才能把自己的想法渗透给全体员工？稻盛和夫回答说："您必须达到值得员工尊敬的水平。"稻盛和夫始终记得一句俗语："破锅配破盖。"一般来说，什么样的锅配什么样的盖，一只破锅通常是配不上一只漂亮的盖的。管理也是如此，如果企业家自身品行不高尚，职业素养不过硬，能力不够强，就难以产生一种约束力和说服力，即便他与员工一起吃再多的饭、喝再多的酒，也无法将自己的思想感情传递给员工，也不会受到员工的尊重和认同。

在打造内部向心力方面，稻盛和夫其实也有自己的优势，那就是依靠自身敏锐的商业嗅觉和高精度的决断维持领导力，这个时候，部下往往会像追随常胜将军一样追随他。他在工作中、生活中都会表现出内在的特质和思维方式，用实际行动告诉所有人：自己所取得的这些成就，都是拼命做出来的，是自己努力的结果，任何人想要像他一样成功，就要像他一样努力，就要学习和接受这些人生理念和思维方式。这种影响力几乎是自然而然形成的，他有时候用不着做任何动员，大家就会自发地追随他，按照他的思路和理念去做事。

正因为强调了内部的统一，强调了内部的文化传承和思维的相互传播，稻盛和夫的成功演变成为一个团队的成功，这也是他能够创立两家世界500强企业的原因所在。如果仅仅依靠个人的人生理念是无法带领团队走得更远的，只有实现思想的复制和传承，稻盛和夫的哲学理念才能发挥更大的功效，才能释放出更耀眼的光芒。

稻盛和夫的人生哲学具有典型的东方哲学思维特点，这使得他在整个东亚地区都备受推崇，无论是日本，还是中国，都有大量企业家模仿和学习他的理念，海尔总裁张瑞敏、阿里巴巴创始人马云、华为创始人任正非、小米创始人雷军、吉利老总李书福，他们都对稻盛和夫推崇备至。从某种意义上来说，稻盛和夫拓展了人们对于经营管理方式的认知，而且他在经营管理当中所展示的东西也超出了企业发展的范畴，更多地呈现出了人生的哲学和生活的理念，它已经上升到了对人类生命的哲思探索，因此它具有一种普遍的参考价值和指导意义，这也是作者创作本书的初衷，希望通过对稻盛和夫人生哲学的解读，来传递更加健康、更具智慧、更为理性的生活理念。

本书从"心"这个核心要素出发，分别谈到了善心、梦想、态度、欲望、道德、磨难、灵魂等诸多方面的内容，更为完整地剖析了稻盛和夫的人生哲学体系。书中为了更好地呈现稻盛和夫的形象与思维特征，选取了他不同时期的经历和故事，而且尽可能加入他的原话，确保读者能够更好地理解他的理念，也提升了本书的可读性。

第一章

动机至善，了无私心

在我看来，我们的心是由两部分构成的，应该说是两个相生相克的力量共存着。其中第一部分，是利己之心，即什么都只想着"对自己有利即可"。第二部分，是利他之心，可以说这是让世界变得更好的原动力，这颗心十分温柔，"想成为对别人有用的人"，"想要帮助他人"。无论是什么样的人，他一定同时拥有这两种心，而这两种心各自所占的比例是多少，构成了这个人的品行。

——稻盛和夫

贯彻正道：作为人，何谓正确

众所周知，人们的一言一行往往会对周围的环境产生影响，也决定了自身存在的价值和魅力，正因为如此，人们开始思考提升自我价值的方式。比如在中国，就存在"修身齐家治国平天下"的说法，存在"致良知"的说法，也存在"以人为本"的人文理念。这些理念和思想都可以称为人的哲学，而人的哲学看重的就是对人们行为准则的思考，简单来说就是寻找一个让自己释放正能量和价值的法门。在这一方面，稻盛和夫提出了"作为人，何谓正确"的理念，而知道什么是正确的，恰恰是哲学的根本。作为一种思考模式，它在本质上就是一种自我要求，不断扪心自问的模式，它强调了自我精进和完善的终极目标。

而在这一理念的背后，包含了人们自我推动的进程，在做人和做事的时候，需要不断扪心自问，看看自己是否保持了一颗赤诚的心，推动自己将正确的事情贯彻到底。对于多数人来说，在很小的时候，父母和老师就教育他们，一定要诚实守信，一定要谦逊待人，一定要用仁爱的心包容别人，一定要用无私的心去善待别人，确保周边环境的和谐。

稻盛和夫强调的"作为人，何谓正确"，就是人的行为准则总纲，也是个人思维方式都得到进化的基础。在强调个人发展的时候，很多人都会强调能力和努力，这两个因素的确非常重要，但它们不是万能的，支撑能力和努力的关键还是在于思维方式，思维方式的好坏往往决定了行为的合理性和高效性。

在谈到"何谓正确"的思考模式和思维模式时，通常包含了正确的思考方向和行为模式，稻盛和夫并没有给出一个明确的具体的解释，但本质上是一种对是非善恶的把握，在解读时，他提供了各种具体的思维方法。

比如在2008年，中国经济频道《对话》栏目对稻盛和夫进行了采访，当时主持人问稻盛和夫先生，是否有意愿再创办一个世界500强的企业，稻盛和夫微笑着摇摇头。在他看来，自己已经做了能做的事，完成了人生的目标，实现了个人的价值，无须再去争取什么功名了，现在只想安安静静度过晚年。

到了2010年，一位政要敲开他的家门，非常恳切地说道："先生，日本的翅膀要断了，求你前去拯救！"听完之后，稻盛和夫没有丝毫犹豫，直接承诺出山担任日本航空公司（简称日航）的董事长。在接任之后，稻盛和夫给全体日航成员做了讲话："我在判断一件事情的时候是有一定基准的，而这个基准就是作为一个人，何谓正确。"当时有很多人表示不理解，他建议所有人将这句话放在心里，当遇到困难和复杂的问题时，再拿出来想一想，自己就会慢慢理解应该怎么样去采取行动了。

此后，他带领负债沉重的日航破产重组，逐渐走出泥潭。到了第二年3月，日航便创造了高达1866亿日元的利润，其中利润率高达17%，成为世界航空领域的奇迹。2012年9月，日航在日本东京证券交易所重新上市。

令人不可思议的是，在带领日航重新崛起的过程中，稻盛和夫并没有索要一分钱的薪水，因为他认为自己每周只有两三天在日航工作。这恰恰表明了他的工作理念，那就是绝对不为钱工作，一个人应该有更高的追求和更加崇高的想法。选择无条件拯救日航，这就是思考"何谓正确"的具体表现形式。

在稻盛和夫的心里，一个出色的人应该想办法寻求正道，找到正确展示自我、证明自我、释放自我的法门，他将自己的人生理念融入生活、工作、社交当中，并时刻提醒自己真正应该做什么，应该怎么做。坚持正道正是他做事的基本要义，也是他做人的基本哲学。按照他"作为人，何谓正确"的说法，人们在采取行动之前，不应该着急，不应该拍脑门做决定，而应该认真想一想执行的正确模式是什么。这里谈到的"何谓正确"是一个很宽泛的概念，可以理解为正确的思想、正确的方向、正确的目标、正确的方法、正确的理念、正确的事情、正确的评判标准。人们必须找到一种基准判断，来引导和规范自己的行为。

比如，稻盛和夫强调：与人相处一定要注重公平，不要有太大的偏倚，不要为了满足私利而破坏公平原则；为人一定要诚实守信，不要见利忘义，一味追求自身的利益；做事时一定要考虑自己的行为是否合理，是否存在欺骗的行为，为了满足私利而欺骗他人，这并不是一个正确的决定。他还强调做事的乐趣和协调，有一些人做事只考虑自己开不开心、快不快乐，却忽略了也要考虑让别人快乐起来，真正正确的做法是打造一个更加和谐的氛围。此外，稻盛和夫说过，人应该对他人更加亲切一些，应该对他人抱有同情心和悲悯心，应该始终保持善良的心态，让更多的人感到开心和自由，引领大家踏上寻求正我和自我的康庄大道。

  在日常生活和工作中，许多人做事只追求结果，只看重业绩，比如有些企业将最终的发展目标设定为实现多少营业收入，而为了实现一个更高的目标，它们可能采取一些违背法律和道德的事情，可能会牺牲企业文化的塑造，可能会牺牲掉全体员工的利益。它们可以为了创收而破坏环境、污染环境，可以为了挣更多的钱而选择压榨员工，也可以为了钱背叛合作伙伴，欺瞒顾客，在产品上弄虚作假，甚至可以违背公平原则，在竞标时搞暗箱操作。这些做法，都是片面追求结果，而不注重价值观的错误理念的体现。

  做人也是一样，必须有是非观，有善恶观，要懂得做什么以及怎么做才是正确的，给自己设定一个基本的价值观和行为准则，作为评判个人行为的基准，这样才能让自己的人生更加充实，更有意义。

注重利他主义，才能在市场上站稳脚跟

在稻盛和夫的人生哲学中，"爱人"是一个非常重要的内容，而"爱人"的核心思想就是利他原则，简单来说就是确保自己的行为对他人有帮助，或者能够优先满足他人的利益。早在高中时代，稻盛和夫就萌发了"爱人"的思想。高中时期的稻盛和夫为了帮助家里分担压力，主动制作纸袋拿出去售卖。一开始，他每天都沿街叫卖，但销量并不乐观。经过分析，他觉得仅仅依靠自己一个人赚钱肯定不行，如果想要提升销量，就得雇人，而雇人就要给予适当的利益分成，只有让受雇者挣到钱，他们才愿意卖力销售。为此，他将鹿儿岛所在的市场划分成7个区域，然后想办法在每一个区域雇用销售人员，然后给予雇用者更高的薪水，结果纸袋的销量很大，使稻盛和夫尝到了让利于人的甜头。

在创办公司后，稻盛和夫同样初心不改。比如1990年，稻盛和夫为

了带领京瓷公司走向世界市场，使之发展成为一家综合性的电子零部件公司，打算收购美国的AVX公司。这家公司当时在电容器领域处于世界领先地位，正好可以帮助京瓷公司拓展业务。没多久，稻盛和夫直接向AVX董事会提出了收购的请求。AVX的董事长十分爽快地答应了收购要求，双方约定按照股票兑换方式进行。之后京瓷公司决定把纽约证券交易所的AVX股票交换为同在纽约证券交易所上市的京瓷股票，为了让对方尽可能获利，京瓷公司做出让步，将20美元左右的AVX股票评估为30美元，可是AVX的董事长认为这样的价格偏低，应该增加到32美元。

这意味着京瓷公司需要花费更多的钱收购，因此这个要求遭到了京瓷公司社长以及律师的集体反对，他们建议稻盛和夫不要同意这样的要求，否则对方肯定还会得寸进尺。但稻盛和夫认为这位董事长的做法并不过分，对方也只是为自己的股东牟取利益罢了，于是果断答应了对方的条件。

可是就在双方进行股票交易时，纽约证券交易所的道·琼斯指数也跌了10美元，京瓷公司原本82美元的股价跌为72美元，这个时候，对方董事长再次提出要求，要求将原定的82美元对32美元，改成72美元对32美元。一般来说，在这类收购案例中，一方的股价下滑如果是业绩下降引起的，那么对方有权提出变更要求，但是如果是股市下跌的大环境造成的，基本上不会同意变更交换比率。正因为如此，京瓷公司建议稻盛和夫驳回对方的要求，可是稻盛和夫再一次做出让步。

面对大家的愤怒和质疑，稻盛和夫这样解释道："这既不是出于什么算计，也不是感情用事，收购合并是两种文化，完全不同的企业二合一是企业和企业'结婚'，应该最大限度为对方着想。"由于一再退让，这一次的收购最终顺利完成，而京瓷股票也因为这次收购一路上扬。此外，被收购公司的员工一般会出现水土不服的原因，甚至会产生排斥和不满，可是当AVX被收购后，员工们却很快接受了京瓷公司的企业文化和哲学理念，这让稻盛和夫的管理更加轻松了。

不到五年，AVX再次选择在纽约证券交易所上市，而京瓷作为持股方也因此而获得了丰厚的回报。与京瓷公司相比，日本的其他公司在收购美国公司的过程中，大都困难重重，即便完成了收购，最终也每每遭遇大幅亏损而不得不选择低价出售。稻盛和夫在谈到这件事时，如此说道："我认为，他们的失败和AVX的成功之间最大的差距在于——是只考虑自己的利害得失呢，还是真正地为对方着想。"

利他主义或者利他原则，是一种比较传统的哲学，虽然如今更多地和商业思维捆绑在一起，但它在很多时候体现出来的是一种人生理念。社会学家很早就对利他行为进行了大量的科学研究，他们将利他定义为对别人有好处，没有明显的自私动机的自觉自愿的行为。著名的心理学家巴特森认为，利他行为应该是指那些不图日后回报的助人行为，这种助人行为具有不同的取向，比如有的人在帮助别人的时候，可能会专注于如何解决内心的焦虑，或者专注于对他人的同情情绪，前者是为了减轻内心的紧张和不安，实现个人价值，从而采取帮助他人的行为，这种助人行为的动机是为自己服务的；后者一般是同情陷入困境中的人而产生的移情反应，同情者会想办法来减轻他人的痛苦,这是纯利他主义取向。

稻盛和夫一直强调"动机至善,了无私心",这就是典型的利他原则。他认为一个人无论做什么,不能只想着牟取私利,不能只想着满足自己的目标。凡事要多为他人考虑,要懂得关心他人的利益和诉求。做人做事的动机应该是帮助他人,为他人谋取利益。在他看来,一个人做好事也好,为他人谋取利益也罢,不能有太多的私心,只有做到没有私心,只有保持动机的至纯至善,人们才能够在为人处世的过程中感受到更多的尊重,才能更充分地实现自己的价值。

从社交的角度来说,利他就是一种能量的传输和付出,而这种传输和付出常常不是单向的,因为能量可以实现互换。对此,稻盛和夫曾经打过一个很形象的比方:"人这一辈子,总会遇到'缺水'的时候。这时候,别人递过来的'一壶水',或许就可以帮助自己渡过难关;同样,当别人需要帮助的时候,你递过去'一壶水',给予他们一定的帮助,当他们喝到这壶水的时候,一定会永远铭记你的恩情,在你有困难的时候,他们也会想尽一切办法来报答你的恩情。这就是'一壶水'的利他哲学。"

一个人无论是与人交往,还是选择和别人做生意,都需要坚守利他原则,通过无私的付出打造良性的互动空间,为自己的发展创造更多的好机会。

追求经济效益的同时，提升社会效益

在企业发展的过程中，通常都会强调对经济效益的追求，毕竟企业属于营利机构，企业的目标就是为了获取更大的利益。正因为如此，很多人在创办企业之后，就把追求经济效益最大化当成了最大的目标，甚至是唯一的目标，而这种做法，也使得很多人的经营理念变得偏执且狭隘，路也越走越窄了。因为一切以盈利为目标，以追求经济效益为准则的经营方式，往往存在很大的弊端，比较常见的包括污染环境、非法经营，以及一些违背和破坏公平交易原则的事情，从大局来看，这些经营行为无疑会产生很强的破坏力。

稻盛和夫认为，一个企业家追求经济效益并没有错，毕竟企业需要依靠良好的经济效益生存和发展下去，但绝对不能为了追求经济效益而做一些违背社会道德和社会法规的事情，不能为了获取经济利益，而损害整个社会的利益。在这里，他强调的是对社会效益的追求，并认为企业和经营者个人应该担负起社会责任，努力提升社会效益，这是比经济效益高一个层次的发展目标。

社会效益是指企业或者个人最大限度地利用有限的资源满足人们日益增长的物质文化需求。一般来说，社会效益属于公共利益的范畴，因此在衡量社会效益的时候，一般是从社会总体利益出发来衡量的，最常见的包括生态环境效益和思想效益。

假设一家公司生产某产品，可以使用新能源，也可以使用传统能源，使用新能源的成本大约是一年500万元，而使用传统能源大约只需要400万元。从企业经济利益的角度来说，使用传统能源的成本更低，经济效益更高，但是使用新能源可以有效减少环境污染，对于国家的减排治污计划也有很大的帮助。这里主要强调生态环境效益，人们在追求经济效益的时候，必须确保自己的行为不会对生态环境造成影响和破坏。

又如日本很多商家在销售进口水果的时候，会习惯性地将水果装进包装盒里一起称重。这样一来，包装盒就按照水果单价进行计算了，看起来10斤重的水果，可能只有9.5斤，少掉的0.5斤可以带来差不多50日元的利润。很多消费者对此怀有怨言，也开始渐渐疏远进口水果商，使得当地的进口水果生意越来越难做。而有个商家在出售这类进口水果时，率先做出表率，每次都是直接将10斤重的水果放入包装盒，包装盒则免费附赠给客户。不仅如此，他经常还会额外赠送一些水果给消费者。尽管他的利润并不高，但是他赢得了很好的口碑，成为当地水果批发市场上的"明星"，使附近的居民都爱到他这里来购买水果。不久之后，其他水果商也效仿他的做法，确保水果足斤足两，整体的营商环境随之变得越来越好。这里强调的就是：个人道德方面带来的形象会提升和塑造品牌文化。

相比于经济效益，社会效益更加看重的是企业对社会的贡献，强调个人对社会的价值输出。稻盛和夫并不是一个只追求经济效益的企业家，他创办企业的初衷并不是为了挣多少钱，经营企业的目的不是获得多少营收，而是期待着为社会做出更大的贡献。在他看来，企业家应该有家国情怀，应该专注于为社会做出贡献，而不是想办法满足私利。

2009年，《IT经理世界》的记者采访了稻盛和夫，记者谈到当前中国的创业潮，认为很多创业者追求一夜暴富，千方百计想着上市，恨不得一口吃成个胖子，因此使整个创业环境充斥着浮躁的气息。面对这种现象，稻盛和夫谈了自己的看法：

现在中国有很多年轻的企业家创业，想方设法尽快让企业上市，因为这样能够赚到更多的钱。这在日本和欧美都是一样的，是所有企业家共同的想法。我创业的时候，并没有想自己要成为富翁，之所以将企业经营得越来越出色，目的是让在京瓷的员工能够安心工作，度过幸福的人生。所以我才努力地办好企业，我的出发点并不是满足我的一己私利，而是保护京瓷的员工。如果这个目标能够达到的话，还能为人类和社会的进步与发展做出贡献，我的出发点与中国现在一些年轻的企业家就有所不同。

当然，为了成为富翁而创业并为之付出努力，确实能够成功。这虽然也不是什么坏事，但如果只是为了一己私欲的话，就有可能对他人甚至社会产生不利的影响，就有可能把竞争者当作敌人来对待。这种企业在短时期内能够取得成功，但是如果从更长的时间跨度来看，就很难有可持续的发展。现在的企业之所以能繁荣发展，是因为其高层有非常正确的理念。有些企业虽然能够一时发展，但是遇到如今的金融危机，破产的不胜枚举。所以要想企业能够长期发展，就不能追求一己之欲望。

在稻盛和夫的人生理念中，无论是经营事业，还是做某件事，最重要的是保持对社会的高度责任感，在追求经济效益的同时，更要维护和提升社会效益，尽可能做一些对社会有益的事情，尽可能将社会发展的目标与自身发展目标相结合起来。不仅如此，它往往会涉及企业和个人的品牌化，简单来说，就是企业或者个人在营利过程中所建立起来的形象和知名度。

比如在营销学领域，存在"品牌合法性"的问题，这里谈到的合法性并不是现实社会中的合不合法律法规，而是强调品牌的舆论导向，民众和消费者是不是能够接受这个品牌。德国哲学家哈贝马斯曾经谈到了企业和品牌在舆论世界的合法化危机问题，他认为合法化危机就是一种认同危机，属于公众舆论对品牌合法性产生的怀疑，这种怀疑往往会给企业的形象造成严重的损害，甚至让企业遭受道德审判，引发严重的品牌危机和经营危机。就像人们在谈到大气污染和水污染的危害时一样，那些排污量很大的传统能源企业往往会遭遇巨大的舆论压力和整个社会的谴责。

想要提升品牌合法性，就要重点关注效用、认同以及程序这三个指标，从这三个指标出发就可以将品牌合法性分解为绩效合法性、价值合法性、程序合法性。其中绩效合法性就涉及经济效益与社会效益的平衡问题，绩效合法性并不是单纯的盈利、单纯的绩优，而是要在绩优的基础上强调高效与互惠，绩优和高效代表了正确的经营管理方式，而互惠则是一种利他原则，它强调个人、企业与社会的共同发展、共同进步，强调品牌与受众对象的有效联结。对于一家企业或者个体经营者来说，必须重点关注品牌合法性问题，尽可能做到互惠互利，努力为社会做贡献，而这刚好与稻盛和夫的经营理念不谋而合。

为身边的人做力所能及的工作

稻盛和夫的一位高中同学，在日本名古屋附近经营一家颇具规模的电子厂，可是由于经营管理不善，这家企业的营收不断下跌，面临很大的危机。为了避免电子厂关门倒闭，这位老同学找到稻盛和夫，他希望稻盛和夫可以帮忙拉自己一把。听到这样的消息，公司内部的很多管理者纷纷找到稻盛和夫，劝说他不要对这家电子厂伸出援助之手，因为这样的援助行为对公司毫无帮助，稍有不慎，极有可能被拉下水。

面对内部的质疑和劝阻，稻盛和夫给出了自己的看法：这家电子厂的经营出现了很大的问题，但产品质量一直都很有保障，市场竞争力是存在的，如果可以帮助对方渡过难关，那么对方有可能依靠自身的优势走出泥潭，迎来发展的机遇。为了说服内部的管理者，稻盛和夫亲自前往老同学的电子厂考察，在确定了相关情况后，他在内部召开了会议，并展示了这家公司的基本信息，最终获得了内部管理人员的支持。不久后，稻盛和夫准备收购这家公司。可是在进行相关业务谈判的时候，老同学提出了一个要求：希望稻盛和夫不要裁掉该厂的老员工。稻盛和夫听了很感动，于是明确做出表态，绝对不会裁掉原来的员工。

此外，电子厂的员工担心稻盛和夫会乘人之危，以很低的价格收购电子厂。面对大家的担心，稻盛和夫直接找到他们，当面做出承诺："当一家企业遭遇困难的时候，那些有能力的企业绝对不可以趁火打劫，而是要尽心尽力地帮它一把。因为当它走出困境的时候，一定会想方设法地报答曾经帮助过它的企业，所以，你们放心，京瓷绝对不会乘机占电子厂的便宜。"

事实表明稻盛和夫说到做到，践行了承诺，以高价收购了对方的企业，而且还增加了对电子厂的投资。最终，在稻盛和夫的帮助下，老同学的企业很快便渡过难关，并在发展起来之后，给稻盛和夫及其公司带来丰厚的回报。

稻盛和夫在谈论企业的成长和发展时，通常会强调经营企业的一些方法和思维，而这种思维本质上是哲学思维，其核心是强调以做人正确的准则来经营企业。在他的哲学思维体系中，做人正确是一个最基本的原则，只有把握住做人最应该做的正确的事情，才能够找到成功的方向和方法。那么如何保证做人正确呢？其中一项就是帮助他人，为身边的人做一些力所能及的事情。

在谈到利他原则的时候，稻盛和夫非常恳切地谈到了具体的执行问题，他认为一个人想要真正帮助他人，没有必要一定要做一两件大事，没有必要非要在生意上帮助他人，有时候只要思考自己为邻居、为朋友做些什么，尽自己的能力做一些关爱对方的事情即可。利他就是非常简单的事情，不需要大张旗鼓的行为，也不需要一些大事来衬托。

为什么稻盛和夫一定要强调为身边人做一些力所能及的事情呢？因为在谈到利他的时候，很多人会自然而然地上升到为社会做贡献的层次上，这原本是个人崇高理念和思想层次的表现。但一个人如果动辄将自己的行为上升到为社会做贡献的层面上，就会让身边人产生一种"与我无关"的想法，因为多数人仍旧需要关注自己的生存和生活，仍旧需要解决自己在生活和工作中所遇到的现实问题，他们会认为那些事情不需要自己操心，因此常常会选择置身事外。对于那些奉献者来说，就会形成一种与他人脱节的状态，反而丧失群众基础。

稻盛和夫非常注重和周边的人处理好关系，遇事会思考他人是否会因此受益，能够为他人做点什么，会严格规范自己的行为动机，确保自己的行为不会对身边人带来负面影响，不会给周围的环境带来破坏，而是千方百计为他人做一点有益的事。

他一直认为利他本身就是应该从小事做起，从身边人做起。身在家庭，奋斗者应该为了家人而努力奋斗，让家人感到幸福和安心；身在职场，就要主动帮助同事、领导和客户，贡献自己的力量；与人相交，就要真心实意，帮助朋友解决生活和工作中遇到的困难，为自己生活区间内的人做出各种贡献。有时候哪怕是做一些微不足道的事情，也能让周边的人感到温暖，也能让自己获得他人的认同。比如，稻盛和夫经营企业的理念是"在追求全体员工物质与精神两方面幸福的同时，为人类和社会的进步与发展做出贡献"，在这个理念中，稻盛和夫不仅强调了对国家和社会做出贡献这样的大格局，也强调了对员工个人利益的尊重和满足。在创业的时候，他经常给加班的员工煮红豆饭，一起吃夜宵，对员工的生活起居非常照顾，员工有什么生活困难，他都会主动帮忙。

不仅如此，他还经常参加并组织一些慈善活动。比如，2004年8月，兼具儿童福利院和婴儿院功能的"京都大和之家"正式成立。这是稻盛和夫慈善事业中的一个重要组成部分，也是稻盛和夫愿意投入大量时间和精力来做的事情，该机构主要是为了帮助那些失去父母庇护的孤儿，以及一些遭受父母虐待的孩子。

为了确保能够更好地帮助孩子，稻盛和夫要求内部的职员必须是从事儿童福利工作的专业人士，或者是心理学和保育师专业的应届毕业生。他还会对员工的道德进行评估，确保每一个进入该机构工作的人都能够发自内心地喜欢这份工作，愿意帮助孩子、守护孩子。在职员们正式上班之前，稻盛和夫发自肺腑地提出请求："要像这些挣扎于困境中的孩子的父母一样，支持他们，陪伴他们。希望每一个人都怀着一颗温柔的心去照顾这些孩子。"

作为一个企业家，稻盛和夫更多地展示了一个公民应有的社会职责和担当，并且坚信"用纯净的心灵帮助他人，就是最大的善行"的理念。这一理念使得他总是能够及时关注身边的人，关爱身边的人，给予他们一定的帮助，并赢得他们的尊敬和爱戴，而这反过来使得他在生活和工作中得到更多的助力。与此同时，帮助他人也让自己的心灵得到了进一步的净化，而且个人对于生活和工作也会更加热情、更加专注，使个人的能量场越来越强。

保持透明的经营方式，赢得信任

稻盛和夫一直都在强调，企业的发展必须满足员工的利益，要增强员工的幸福感，打造一个一体化的团队，而这首先要求企业给予员工更多的权限，使他们不再是单纯的执行者，更是监督者和共同追逐目标的人。

为了明确员工的新定位，稻盛和夫一直都推崇透明化的经营方式，让员工更清晰地了解公司的发展情况，并监督内部的管理和经营。比如，稻盛和夫规定：公司内部的公款，每一笔开支都要明确，绝对不能公为私用，而且每一笔开支必须做到合情合理。很多公司的领导可能耽于享乐，直接将自己吃喝玩乐的钱向公司报账，说是用于维持客户关系的正常开支。这在稻盛和夫的公司里是绝对不允许存在的，他要求每个人都必须保持自律，而且公司内部的员工也应该清楚地知道每一笔开支的去向，如果在打高尔夫、请客吃饭、洗桑拿方面的开支过大，毫无疑问会引起员工的反感和批评。

又如，京瓷公司每年初都会召开总部地区中层干部以上的大会，然后社长需要将这一年的经营方针告诉每一个与会者，接着传播到世界各地的工厂。干部在了解公司的经营方针之后，还需要想办法传播给本部门的所有员工。不仅如此，所有职员还要观看录像，直接听取社长的讲话，更好地了解经营方针，了解公司发展的目标、所处的发展阶段，以及实现这些目标的具体执行方案。

各部门骨干负责人在每月初的晨会上都要如实汇报上个月的业绩，他们需要用具体的数字明确告诉员工公司、事业部以及各部门发展的详细情况，包括业绩、发展目标、发展中遇到的困难，确保员工可以朝着正确的方向努力奋斗，确保内部形成一股合力，并且注重培养和提升内部的道德水准。

公司里查账一直是一个传统。稻盛和夫非常看重财务数据，认为财务数据是"现代经营的神经中枢"。一般来说，只要管理者掌握相关的财务数据即可，但在谈到财务数据的时候，稻盛和夫一直坚持要求公司内部的财务数据一定要准确，而且必须做到透明，公司必须用严肃的态度来"通过数字展开经营"，所有的财务必须是光明正大的，绝对不能弄虚作假，因为所有的员工也需要了解公司在做什么，公司的财务状况如何，他们也可以随时查账。

稻盛和夫一直致力于构建一个玻璃般透明的系统，确保内部经营不会出现隐蔽或模糊事实的情况。而且不论是在什么情况下，公司都必须保证钱、物和票据的彼此对应，尤其是公司内部的赊销和赊购，每一笔对应的是什么，必须清清楚楚，必须有相应的票据作为支持，保持透明，这样才能反映出公司整体的真实数据，然后干部和员工就可以根据做出的结算报表来了解公司现状。

这种透明的经营体系对于管理者来说往往会是一个巨大的挑战，但更加重要的是来自管理的态度，比如多数管理者或者企业家会觉得管理是高层领导和干部应该关注的事情，基层员工只需要负责执行就行，这种天然的功能属性会导致出现观念上的阶层分裂，稻盛和夫非常反感这种管理态度。在他看来，管理者本身应该将整个公司当成一个团队和统一的整体，而团队中的每一个人都是其中的一分子，都有必要对企业的发展和管理负责，打造透明的管理体系，就是为了杜绝内部的贪污腐败现象，就是为了让所有员工都可以积极加入进来，发挥监督职能，培养主人翁意识。

稻盛和夫认为每一个管理者都应该做到了无私心，应该想办法为全体员工的幸福而奋斗，但这并不仅仅是主观态度上的表达，更应该在具体的行动中展示出来，而让员工监督内部的管理，了解内部的经营情况，这是至关重要的一步，可以反向推动管理者保持自律，保持良好的管理动机，真正做到"了无私心"。

企业家仅凭一些崇高的口号和一些相互亲近的表达是不足以真正赢得员工的信任的，真正出色的管理者会保持管理的透明度，将自己管理的流程和状态展示给员工看，让他们及时了解公司的发展状态，让他们感受到自己是受到尊重和重视的，同时也能意识到一点：整个公司里没有人可以搞特殊。通过这种方式，管理者就能够和员工建立起更好的信任关系，双方就能够为同一个目标而团结奋斗，管理者也可以真正做到为员工的幸福而努力打拼。在人际关系中同样如此，想要与他人建立良好的关系，就要保持坦诚，就要展示自己的真心，让对方了解自己的行为，了解自己的状态。透明的社交模式在某种程度上同样会带来相互信任、相互理解，如果因为私心而相互隐瞒、相互欺骗、相互利用，可能就会引起人际关系的紧张，甚至产生更大的矛盾与冲突。

总的来说，稻盛和夫在经营企业时，注重对人心的把握，注重运用最基本的相处之道，通过打造透明化的体系来赢得更多的信任和尊重。拒绝和心术不正的人交往。

"善"是稻盛和夫人生哲学中的核心理念，为了凸显和践行这个理念，他一直都明确要求人们必须做到"动机至善"以及"保持善心"。不仅如此，稻盛和夫还一直强调要与具有善心的人交往，远离那些心术不正的小人和坏人。当面对坏人的时候，自己很容易受到负面的影响：如果任由对方欺负，自己可能会遭受严重的损失；如果与之为伍，自己也会受到"污染"；如果与之对抗，又可能会导致自己变成一个玩弄权术的坏人。

在谈到如何应对那些坏人时，稻盛和夫曾经这样说道："如果坏人出现时，为了不输给他，采用不恰当的方法与他对抗，往往就会把事情搞糟。所谓坏人，往往会玩弄权术。所谓玩弄权术，就是指背后说人坏话、四处钻营、欺上瞒下等。遇到这种人的时候，如果一味想着与其对抗，采用和他一样玩弄权术的做法，就会导致非常糟糕的结果。"

稻盛和夫还谈到了自己的一些经验。有一次有个人前来拜访他，对方见了面直接就说："会长，有个事情想请教一下。"没等稻盛和夫询问是什么事情，对方就坐在旁边开始向他倾诉，"我现在很倒霉，吃了这样的苦头。"对方一五一十地将自己遭受的种种不幸倾吐出来，包括票据被诈骗、支票被盗用等情况，然后非常恳切地请求，"会长能不能帮我解决？"

面对这样的人，稻盛和夫心里很不是滋味，在他看来，那些嘴上说着"我吃了这样的苦头"的人，大多数往往也让别人吃尽了苦头，他们习惯于用负面情绪来应对他人，习惯了玩弄权术和手段，正因为如此，他的身边才聚集了那么多同样喜欢玩弄权术且无视他人利益的人，尽管对方强调自己脚踏实地拼命努力，不该这样倒霉，但稻盛和夫还是毫不客气地说道："这不正是你对其他人做的事吗？"在稻盛和夫看来，这个人之所以遭遇那么多的不幸，恰恰是因为他的内心也一直在思考同样龌龊的方法来对待他人，正因为如此，这种邪恶的内心才会唤来同等行为的坏人。这种说法，类似于"可怜之人必有可恨之处"。

稻盛和夫认为，那些经常被人欺骗、被人利用的人，往往生活在一个充斥着谎言、自私和暴力的环境之中，他们自己也难免沾染不良习气，或者说他们自身并不仅仅是受害者，同时也是施暴者。有句古话叫"物以类聚，人以群分"，说的就是这个道理。从心理学的角度来分析，就是能量场的问题。当一个人心怀正念，处处做好事时，他的身边也必定聚集着一群喜欢做好事的；当一个人心怀恶念，总是想着欺骗别人、剥夺他人利益时，他的身边也必定聚集着欺骗者和暴力分子。因为能量相近的人，往往很容易彼此靠拢。这种人做事的动机不可能做到"善"，更不可能存在善因与善果。按照他的说法，这是一个恶性循环，当人们与心术不正的人产生交集时，必定会受到影响，使自己也开始心怀恶念，而不正确的信念又会招来更多的坏人，坏人反过来又加深负面影响，导致自己更加"心术不正"。

从交往的角度来说，与人相处，最重要的是守住本心，无论对方是什么人，都要坚持做最真实的自我，要保持内心的纯真和善良，不能因为别人做了错事，就跟着愤怒，就四处抱怨，甚至有样学样，模仿对方的坏行为。不管他人怎样做事，仍旧选择以宽厚之心亲切待人，用纯粹的心灵与人对话，避免自己受到坏人坏事的干扰和影响。一个人面对外界的环境，产生过激的情绪和行为，这就是个人修行还不够的表现。一个优秀的人，应该利用自己的善意来引导对方意识到自身的问题，并想办法让对方转变心态。不过，对于多数人而言，想要做到这样很难，因此最直接的方法就是拒绝接近那些心术不正的人，拒绝和他们交往。

稻盛和夫的一生都非常光明磊落，不会为了私心而损害他人利益，不会为了满足自己的利益做一些违反律法和道德的事情。和其他一些为了盈利而不择手段的人相比，稻盛和夫非常注重培养和提升自身的修养，不仅仅与人为善，而且坚决远离那些心术不正的人，包括不诚实的企业家、自私自利的朋友、黑帮分子、偷盗者等。他不愿意与这些人产生交集，更不可能与这些人深入交流。

需要注意的是，拒绝交往并不意味着双方不见面，没有任何交流，而是强调不要和对方产生很深的交集。双方最好不要合作，不要频繁互动，不要有很深的对抗，也不要相互依赖。如果一个同行心术不正，那么一定要避免和对方合作，双方在业务上尽量不要有太多的交集，生活中也尽量不要来往；如果一个朋友心术不正，那么一定要和对方保持距离，见面时只需要简单打招呼即可，保持最基本的礼貌姿态，但一定要拒绝让其进入自己的核心生活圈与核心商业圈。人们在经营管理上要守住自己的底线，在日常生活中也要有自己的社交原则，尽量和那些心怀善念的人交往，尽量多接触那些动机至善的人，双方可以在一个更和谐的状态中建立更深的联结。而且和那些同样心怀善念的人交往，就可以将善念传播给更多的人，可以让善行得到延续和拓展，确保产生更大的社会效用。

以团队利益为中心，拒绝牟取私利

有人曾对团队意识做过这样一个恰当的描述：

在团队中通常存在4个人，分别是"每个人""某些人""任何人""没有人"。假设有一项非常重要的工作要完成，那么原则上来说，"每个人"都被要求去做这项工作，但事实上"每个人"都认为"某些人"会主动去完成任务。这样一来，"任何人"都有可能去做事，但当"每个人"都这么想的时候，反而"没有人"去做这件事了。

在这之后，"某些人"开始感到生气，因为这是"每个人"的工作，而"每个人"却觉得"任何人"都可以做这项工作，殊不知"没有人"能够领悟到"每个人"都不会去做事。到了最后，当"没有人"做这件"每个人"都要去做的事情时，"每个人"都会想办法指责"某些人"。

这一段描述强调的就是团队意识，而团队意识的一个显性基因就是以集体利益为先。简单来说，大家会通过团队合作的方式寻求一个共同的目标，并为了完成这个共同目标而统一行动，保持强大的凝聚力和向心力，不会因为个人的利益而违背团队的共同利益。从某种程度上来说，一个优秀的团队，必定是一个相互配合、相互协作的队伍，团队中的所有人都能够以团队利益为重，大家共同奋斗、共同发展，始终将集体利益和团队利益放在最重要的位置上。

比如很多大企业都存在企业病，简单来说就是机构臃肿，办事效率低下，派别林立，存在各种利益小团体。大企业出现这类问题，常常会被认为是管理松弛、组织机构臃肿引起的，但病根还是在于内部缺乏团队文化，大家缺乏团队向心力，以致常常为了私利而做出违反规定、违背团队利益的事情。即便是一些小公司，也同样会遇到这样的问题，因为团队成员经常只顾着满足自己的利益诉求，对团队的发展利益反而表现得很冷漠，这样无疑会破坏团队的内部团结，会降低团队工作的效率，还会影响团队目标的实现。

稻盛和夫认为：一个人如果想要融入团队之中，就应该保持善心，摒弃内在的私心，尤其是团队的领导者更应该保持团队意识，时刻以团队利益为先，以全体员工的利益为先，为全体员工的幸福而奋斗。稻盛和夫是这样去想的，也是这样去做的。作为打造了两家世界500强企业的超级企业家，稻盛和夫肯定也会遭遇大企业病的问题，也会面临如何统一众多员工利益和目标的问题。但他解决这种困局，最直接、最轻松的做法就是身先士卒，带头做好榜样，全心全意投入为实现全体员工的幸福生活而努力奋斗的伟大事业当中去。

比如，在他力排众议成立KDDI（第二电电株式会社）之后，他一直努力工作，几乎每天都认真加班，比员工们都要勤奋。由于工作太努力，不幸患上了三叉神经痛，每天都忍着剧痛工作。即便如此，他明确对外公布，自己并不持有KDDI的任何股票。有的人认为他很傻，既然没有这家公司的股票，也就没有必要承担那么大的责任，更没有必要为这家公司殚精竭虑，如果实在不想做的话，完全可以直接走人。但稻盛和夫拒绝如此不负责任的做法，他认为自己既然担任了这家公司的领导者和管理者，就有义务和使命做好自己的工作，就有责任带领这家公司走向成功。正是因为这种不为私利、全心付出的奉献精神，稻盛和夫手底下很快凝聚了一大批具有团队意识的精英和骨干，大家一同努力，带领KDDI成功走向世界。

同样，稻盛和夫在78岁时，受邀出山掌舵风雨飘摇的日航，也是殚精竭虑，付出了很大的心血，但饶是如此，他仍坚持不收取日航公司开出的任何一笔工资和奖金。许多人感到疑惑不解，按照稻盛和夫的能力、地位和贡献，他完全有资格获取一份高薪，而且大家绝对不会提出任何异议，可稻盛和夫非常自觉地说道："我每周只有两三天在日航工作。"这成了他坚决不收取报酬的理由。他的这种做法，类似于克莱斯勒的前总裁艾柯卡。艾柯卡当年被赶出福特公司时，接受了濒临破产的克莱斯勒的邀请，然后为了更好地管理企业，他做出了只收取1美元工资的承诺，结果他迅速征服了克莱斯勒的员工，大家开始摒弃私心，团结在一起，纷纷主动提出自降薪资，从而推动了克莱斯勒的迅速崛起和发展。稻盛和夫也是一样，正是因为他的这份与员工同甘苦、共进退的心意，员工们深受感动，并很快赢得了员工的尊敬。所以，日航竟然在短短一年时间内，奇迹般地从濒临破产的境地变成年度盈利1866亿日元的大企业。

除了做好榜样之外，经营者和管理者想要确保内部成员都做到以团队利益为中心，还得想办法增强员工的归属感。归属感是团队文化建设的一个重要组成部分，主要指的是个人对团队的认同与忠诚。归属感强的人，会主动为团队利益奉献自己、牺牲自己，无论做什么，都会将团队发展目标放在第一位。归属感的养成，是一个渐进的过程，团队成员之间只有通过在工作中不断磨合、相互理解，才能最终建立起个人对团队的忠诚度与责任感。

归属感一般分为三个层次：

第一层次是指个人对团队相关信息的大致了解，个人非常注重团队薪酬、福利、文化、价值观是否与自身的诉求相契合，如果自己的物质和精神需求能够得到满足，那么个人将义无反顾地加入团队当中。

第二层次是指个人开始对团队进行全面认知、熟悉的过程。团队成员会接受各种培训，并且逐步提升自己的感受、感知、熟悉、适应等能力，并且慢慢对内部的经营理念、决策运筹、精神文化和制度规范产生基本的认同感。

第三层次是指个人的生理、心理、感情、人际关系等需要得到满足后，会慢慢对团队领导者的思维方式以及团队的核心价值观产生深层次的认同感，并增强个人的安全感、公平感、存在感、价值感、成就感、满意度，最终形成更为强烈的归属感。

归属感是一个团队具备凝聚力的关键要素，如果员工和干部都没有什么归属感，他们就可能会将私人利益的满足作为第一选择。因此，稻盛和夫多年来一直强调善待员工，满足员工的物质要求和精神诉求，满足他们对幸福的追求，以此赢得员工的信任和忠诚，确保他们能够产生强烈的归属感，始终将团队利益放在第一位。

第二章

无梦之人不会有创造和成功

创业之初，京瓷的厂房是租来的，员工不足百人，但从那时起，我就提出"京瓷要放眼全球，向着世界的京瓷前进"。公司虽小，却把目光投向世界，这就是树立远大目标。

只有拥有远大目标的人，才能够取得伟大的成功。只追求小目标的人，其结果也只能是低层次的。如果自己设定了远大的目标，那么，朝着这个目标全神贯注、全力以赴，就能走向成功。

只有胸怀大志，描绘宏伟蓝图，才能成就难以想象的伟大事业。

——稻盛和夫

描绘一个伟大的蓝图

　　1958年12月，松风工业迎来了一位不懂陶瓷的新主管，不受重用的稻盛和夫愤而离职。离开松风工业之后，稻盛和夫打算自己创业，为此，他找到了几位志同道合的朋友，一同创办了京瓷公司。对于这家新公司的未来，稻盛和夫充满了憧憬，并倾注了很多心血。1959年4月1日，在京瓷正式开工的庆祝宴会上，稻盛和夫直接官宣了公司的发展愿景："我们的目标就是成为原町第一、西之京第一、中京区第一、京都第一、日本第一，最终是世界第一。"

　　面对一家新成立的公司，并不是所有人都会认同这样宏大的愿景，尤其是对于那些20多岁的年轻人来说，他们并不觉得27岁的稻盛和夫可以带领一家连厂房都是从股东手里租借来的公司，成就一番伟大的事业。在他们看来，或许这只是稻盛和夫的一时冲动。但在此后的管理工作当中，稻盛和夫又数次提到了这个愿景，这时候，大家方才相信他真的就是那么想，也是那么去执行的。

对稻盛和夫来说，设定一个这样的愿景并不是天方夜谭，毕竟京瓷公司最初的核心产品是精密陶瓷，而这是稻盛和夫在松风工业中取得的研发成果，他对于这个项目的研发和市场表现充满了信心。

在擘画了一幅伟大的蓝图之后，稻盛和夫带头努力工作，并说服所有合伙人和员工一起努力，将大部分时间和精力倾注到京瓷公司当中，努力将愿景付诸实践。正是因为稻盛和夫强大的感染力和领导力，团队拧成了一股绳，心往一处想，劲往一处使，在一年时间内就取得了年纯收益300多万日元的良好成绩。这对于一家新企业来说，是非常了不起的。此时，大家对于稻盛和夫的才能由衷地钦佩，并且开始相信他所擘画的蓝图终有一天会实现。

受到鼓舞的员工开始自动加班加点，努力打拼，推动京瓷公司成功变大变强，最终成为世界500强企业之一。

在引导个人发展或者引导团队发展的时候，人们往往需要打造一个伟大的愿景，需要擘画一个伟大的蓝图，因为蓝图往往具有一定的目标性和指导性，当人们对未来有着更为清晰的规划，有着更高的期待和追求时，往往会爆发出更大的发展潜力。

比如，从管理的角度来说，愿景是否伟大往往决定了管理水平的高低。那些目光短视的企业，往往看重未来1~3年的收益，因此在面对市场和客户时，它们可能只是单纯地注重产品的销售，而没有一个明确的质量管理体系，没有科学的流程，没有一个技术进步和创新的动力。而那些对未来有更高期待的公司，那些对自己有着更高要求甚至渴望成为行业领先者的企业，它们从一开始就会打造一个合理的、完善的管理体系，会对技术进步有着更高的期待，会对自己的工作状态有着更高的要求，具有随时随地优化每一个环节的能力。

又如，从思维方式的角度出发，当个人的愿景越大时，个人的思维层次可能也越高。愿景的高度往往可以体现出一个人的层次，愿景越大的人，对于世界的认知，对于人生的规划也大多越出色。稻盛和夫说过："你在心中擘画怎样的蓝图，决定了你将度过怎样的人生。强烈的意志，将作为现象显现，请你首先铭记这个'宇宙的法则'。让自己拥有一颗纯洁美好的心灵，这是我们思考如何度过人生时的一个大前提。因为一颗美好的心灵，特别是'为世人、为社会'做奉献的思想，就是这个宇宙本身的意志。"

比如在大学期间，多数人所想的是未来找什么工作，拿多少月薪，在什么地方买房，但特斯拉创始人埃隆·马斯克与众不同，相比于就业和挣钱，他对于未来有着更高层次的规划，有着更大的愿景和目标，他思考的是一些社会变革以及能够影响人类发展进程的伟大事业。早在大学期间，他就开始思考自己未来的发展方向，并重点谈到了互联网、可持续能源、外星移民计划。以此为基础，他提出了更具操作性的新能源汽车制造计划、超级高铁计划以及火星移民计划。在听到埃隆·马斯克如此宏大的愿景和目标时，别人都笑话他不切实际，甚至在他组建团队时，大家也都对其远景规划将信将疑，认为马斯克不过是在吹牛，在利用自己的滔滔雄辩欺骗投资人给他投钱。

但从日后的发展来看，马斯克几乎走在了所有人的前面，正在逐渐地将自己曾经的梦想变成现实，马斯克的母亲梅耶曾经这样评价他："如果我有什么想要做或需要完成的事，他通常都会给我一个非常聪明的回答。从3岁开始，他就开始像成年人那样思考问题了。所以，我觉得这是一种天赋，与生俱来。我见过很多天才，但他们往往不知道应该如何造福于人，也不知道如何将自己的想法付诸实践，而埃隆·马斯克却做到了，我们都为他感到自豪。"

稻盛和夫也是这样的人，目标明确，思路清晰，既是梦想家，又是实干家。稻盛和夫对自己的要求一向很严，是不会轻易饶过自己的角色。同时，他对自己的团队也有着较高的期待，不允许其团队成员在他面前打马虎眼。企图在他的团队里蒙混过关，滥竽充数，几乎是不可能的。他用他所认定的蓝图或者愿景，去激发出团队成员潜藏的能量，甚至令其团队成员也惊讶于自己竟然会如此能干。领导者提出一个大的愿景，无疑会引导团队向着预期的目标进发。正如稻盛和夫所说的那样："如果能在脑海中勾勒出成功的景象，成功的概率就会大为提高。当你闭上眼睛想象成功的景象时，只要能勾勒出那个景象，就一定能心想事成，达成愿望！"

心理学家认为，一个人在做事时，通常会受到内驱力的影响。内驱力包含了物质上的激励，也包含了精神上的鼓舞和推动。当人们设定一个美好而伟大的愿景时，这一愿景往往会对个人和团队的行为产生极大的鼓舞，推动人们去追求更高的人生理想。

而在擘画蓝图和愿景时，最重要的是必须直面自己内心最深处的真实想法，勇敢做出细致的构想，并对未来始终抱有热烈的期待，唯其如此，才会推动人们爆发出更大的动力和能量，引导人们为了某一个目标而团结奋斗，不断实现自我突破。仅仅有了愿景而不加以具体规划，并去一一落实，是远远不够的，因为愿景的设定必须有战略思维的助力，如果没有战略思维的助力，如果愿景的擘画者对事物的发展缺乏足够的认知，那么，其制定的愿景极有可能是错误的，据此愿景也无法制定出合理有效的规划。在这一方面，稻盛和夫做得非常出色，他懂得运用内心愿景的号召力和动员力，但他绝对不会胡乱地擘画蓝图。他对于未来的所有设定，都是建立在他对自己所经营项目的真切理解上，也正是因为他足够理解其所经营的项目，他才能够制定出合理的目标和战略规划，带领团队逐渐走向巅峰。

内心不渴望的东西，不可能靠近自己

年轻的时候，稻盛和夫曾有幸聆听了企业家松下幸之助的演讲，当时的松下幸之助还没有被媒体和同行神化，而稻盛和夫更是寂寂无名的中小企业的经营者。在那次演讲中，松下幸之助提到了有名的"水库式经营"，他认为那些未能修建水库的河流在遇到大雨天气时，往往很容易发大水，并产生洪涝灾害，而一旦遭遇持续多日暴晒的干旱天气，河流又很快会干涸，水量严重不足。正因为如此，人们会选择修建水库蓄水，确保水量不会受到天气和环境的影响，无论什么气候条件下都能够保持一定的水量。在经营方面也一样，企业在发展市场景气时应该着手做好"蓄水准备"，这样才能在市场不景气时避免出现"缺水"的情况。

在松下幸之助提出这个观点后，会场里出现了一些不和谐的声音，不少企业家都认为松下幸之助有些高高在上，不知道中小企业家面临的艰苦环境。在他们看来，眼下各个小企业家之所以每天连轴转地工作，面临巨大的生存压力，不正是因为缺乏储备吗？这是一个先天的劣势，要是人们有能力、有条件"修建水库"进行储备，哪还用得着如此辛苦地工作？谁还甘心承担巨大的风险？他们觉得松下幸之助的观点并不具备现实指导意义，毕竟绝大多数中小企业根本就没有资本去"蓄水"，基本上有一点资源就被消耗殆尽了。

这时，会场里开始骚动起来，越来越多的中小企业家交头接耳，表达自己的不满，抱怨当前环境的恶劣。在松下幸之助的演讲结束之后，一个男士直接站起来质问他："如果能够进行水库式经营当然好，但是，现实不具备条件。若不能告诉我们怎么样才能进行水库式经营的办法，那还值得说吗？"

面对质问，松下幸之助保持一以贯之的温和表情，但也露出一丝不易察觉的苦笑。他站在讲台上，沉默了一会儿，非常遗憾地说道："那种办法我也不知道，但我们必须有不建水库誓不罢休的决心。"听到这样的回答，会场里有很多人发出了嘲讽的笑声，大家都对松下幸之助的答案感到失望，同时又觉得他只是随口乱说而已，根本不具备指导现实的意义。可台下的稻盛和夫听了却倍感震撼，仿佛自己的身体被电流击穿一样。虽然他也和在场的企业家有同感，一时之间不知道从何做起，才能实现"水库式经营"，但松下幸之助的不俗见解确实令他震惊。在他看来，松下幸之助所强调的"水库式经营"和"誓不罢休的决心"的理念，的确堪称经营企业的真理。

此后，稻盛和夫始终记得"誓不罢休"这句话。随着积累的经营经验日趋丰富，他逐步意识到一点：每个人、每个企业修建"水库"的方法各不相同，人们不能千篇一律地使用某一种方法，但无论方法怎样，最重要的是必须树立"修水库"的信心和决心，只有产生强烈的愿望，人们才能坚定地追逐同一个目标，才能一步步靠近成功。反过来说，如果一个人做事的愿望不强烈，内心不那么渴望目标的实现，那么就不会有下定决心寻找实现目标的想法。所以稻盛和夫认为人们不仅要在内心擘画一幅蓝图，还要生出强烈的愿望，有不达目的不罢休的决绝，只有这样，才能让梦想的种子真正生根发芽。

在谈到个人的梦想和愿望时，稻盛和夫这样说道："要有'几近疯狂的渴求'，三心二意的想法千万要不得，你的愿望必须强烈到让你朝思暮想，时时刻刻都记挂在心。从头顶到脚趾，全身都充满了这个念头，假设哪天受了伤，甚至伤口流出的不是血，而是这个'想法'。这是达到目标的唯一途径。"在解释强烈愿望的作用机制时，他曾这样说道："我相信'念念不忘必有回响'，始终抱有强烈的愿望，心中蓝图就必能实现。换句话说，无论如何也要达到目标这一愿望的强烈程度就是事情成败的关键所在。为经营的课题所困扰、苦闷、彷徨是经营者的家常便饭，聚精会神于悬案，日日夜夜废寝忘食，持续将思维聚焦在一点，直至突破，能否做到这一点是事业胜负的分水岭。"

在日常生活中，很多人同样很有能力，同样非常努力，却无法像那些管理精英和技术精英那样获得成功，原因何在？有人可能会将其归结为运气问题，但也有可能是欲望不够强烈，缺乏那种"必须实现目标"的决心，只有那些将强烈愿望渗透到潜意识里去的人，才能够努力将事情做好。比如，同样是完成月销量10万的目标，两个能力相似的人可能都打算拼一下，第一个人努力了半个月，只完成了不到3万的订单，按照这样的速度，基本上很难完成10万的订单目标了。他觉得自己已经尽力了，实在找不到更好的办法，因此无奈地放弃了这个目标，不再像过去那样努力，最终一个月只完成了5万订单。第二个人在努力了半个月后发现自己只完成了3万的订单，距离预期目标还非常远，尽管别人不断在他的耳边絮叨："恐怕不行吧，这是不可能完成的任务。"他依然朝思暮想地在心里琢磨如何实现其愿望的办法，不断提醒自己要尝试其他不同的招数，结果是，他真的找到了提升订单的窍门，顺利完成了月销量10万的目标。

稻盛和夫认为，很多人会被一些常识性的判断所误导，当遇到难以解决的问题时，常常会按照往常的经验或者他人的经验做出"我不行"的判断。这个时候，他们自己的想法就会被束缚住，从而失去继续向前奋进的动力。按照稻盛和夫的说法，越是遇到困难，越是应该保持强大的自信和强烈的愿望，如果自己真正想要做好一件事，就不能够放松内心的渴望，就该有越挫越勇的斗志。

稻盛和夫认为强烈的愿望应该渗透到潜意识中去，而激发潜意识的方法一般包括外界的突然刺激以及反复的体验。当一个人反反复复做某件事，或者反复思考个人的目标时，这种强烈的愿望就会渗入潜意识。一旦渗入个人的潜意识，那么这个强烈的愿望在必要时定会跳出来提示和指引人们的行为。

  对于这一点，稻盛和夫深有体会。比如稻盛和夫在创业初期，对于创业的事一筹莫展，某一天，他一个人在酒店小酌，忽然听到邻桌的陌生人说话，听上去对方似乎是自己正在思考的那一方面的专业人才，他非常激动地起身向对方虚心请教有关问题，此后，两个人便热情地攀谈起来。而通过这一次谈话，稻盛和夫下定决心开启了自己的创业项目。同样，在成立KDDI时，稻盛和夫也曾反复推敲构思方案。然后有一天，他参加了一个经济团体的聚会，并和前来演讲的通信领域技术专家偶然相遇，结果是，稻盛和夫拿定了主意推动新的事业计划。在稻盛和夫看来，自己之所以会在某些特定的场合下定决心创业，就是因为这些创业的强烈愿望早就渗透进了自己的潜意识，自己不过是在反复思考的过程中驱动了潜意识。他希望所有追逐梦想的人，都要努力给自己的内心注入更强烈的渴望。

设定一个高出自己现有能力的目标

稻盛和夫说过："在自己的人生和工作中，自己有'想要这样''想成为那样'的决心，就是要具备很大的梦想和很高的目标，这一点非常重要。只有拥有高目标的人，才能够取得伟大的成功。只追求低目标的人，所得亦低。但是，瞄准高目标，需要相应的准备。以登山为例，登什么样的山、登山者所需的准备（包括心理准备）都不同。如果是登一座小山，那么着轻装，抱着郊游的心态就行。但如果要攀登险峻的高山，那么就需要相应的装备和精神上的准备。工作和人生的目标也一样。如果自己设定了高目标，那么就必须学习、掌握实现这个高目标所需要的思维方式。"

设定一个高目标是稻盛和夫对自己、对团队成员的基本要求。在他看来，高目标有助于提升个人的动力和激情，强化个人的能力，但高目标的目的是制造挑战，让自己获得进一步发展的动力和空间，而不是制造压力和麻烦。所以稻盛和夫非常明确地说道："给自己设立一个超出现有能力的高目标，竭尽全力在未来某一时刻达到这个目标。一定要相信自己的可能性，也就是相信自己未来的能力。这时需要的是让思维之火不停地燃烧，这样做不仅能获得成功，同时可以提升自己的能力。"

"高出现有能力"，这是一个非常重要的指标，因为目标和愿景不同，愿景更具主观性，而目标必须更多地依赖现有的资源、能力、条件、机会来制定。目标是个人对未来发展的一种要求，它离不开更为翔实且合理的战略规划。稻盛和夫在做出设想时非常大胆和乐观，但在具体制定目标时，他会相对谨慎一些，依据自身的能力制定目标。他希望，所有人都可以接受挑战，可以选择更好的发展方式。

比如在松风工业上班时，稻盛和夫对自己的能力没有信心，虽然公司糟糕成一团，但他同样没有信心去做出任何亮眼的成绩。为了让自己更好地适应工作，他开始努力学习、认真工作，主动研究新技术，不断给自己设定各种挑战，最终实现了技能上的突破，增强了"我能行"的信心。这一段经历，让稻盛和夫感触良多。他认为，一个人必须不断给自己施加压力，这也是他在创立京瓷公司之后，要求员工不断精进业务能力，不断在现有的业绩上实现突破，不断强化自己的技能的原因。

一开始，有不少员工颇显胆怯。害怕自己无法完成任务，这些员工还给出了自己的理由："因为我没有学过，没有知识，没有技术，所以我不行。"面对员工的这些不成理由的借口，稻盛和夫直接强调大家要改变自己的工作态度，不要害怕挑战，而要勇敢去面对和接受。他鼓励员工这样思考问题:"因为我没有学过,所以我没有知识,没有技术。但是,我有干劲,有信心,所以明年一定能行。而且就从这一瞬间开始,努力学习,获取知识,掌握技术,将来密藏在我身上的能力一定能开花结果。我的能力一定能增长。"

挑战一直是稻盛和夫的人生主题。如果说工作就是修行,那么接受挑战就是工作中最大的修行。但所谓的挑战,并不是毫无限制地拔高目标,而是寻求一个合适的挑战标的。一般来说,在追求目标的过程中,人们会面临几个不同区域的目标。

第一个区域是舒适区。在这个区域内,人们往往可以利用现有的资源和优势,顺利解决相关的问题,一般不会遇到什么太大的难题。舒适区虽然可以让人更加放松,但基本上不具备什么挑战性,长时间处于这一区域,无法让人获得充分的成长。就像一个学会了函数和几何学的人,做小学数学题,基本不会有什么压力一样。

第二个区域是学习区。人们如果想要在这一区域获得发展,就需要接受一定的挑战,因为这一区域内的工作任务和目标难度有些大,而且在一定程度上超出了现有的能力,自己原有的技能和经验不足以支撑自己轻松应对任务,但由于超出的范围不大,只要加强学习,不断完善和充实自己,还是有机会完成任务,顺利实现目标的。

第三个区域是恐慌区。这一区域的目标难度非常大,几乎全面超出了个人的能力范畴,人们几乎只有很小的机会顺利完成任务。在这一区域,人们会感到无能为力,会对相应的工作任务产生恐慌和焦虑心理。

对于人们来说，应该想办法进入学习区，最好列出一个目标清单，每次设定的目标都比自己现有能力高一点，随着目标的实现以及个人能力值的提升，人们需要不断挑战那些难度更大的项目。这个区域往往可以展示出个人能力的极限，或者说比个人极限略高一些。在这一区域，人们会进入一种类似于踮起脚尖够东西的状态，或者类似于跳起来摘苹果的状态。他们需要不断督促和推动自己突破极限，才有可能实现目标。而这种不断追求个人能力极限值的做法，通常会有效激发出个人的最佳状态。心理学家常常提到一种绝佳的工作状态：心流。他们经过多年的研究，发现当人们在挑战高于自身技能5%~10%的目标的时候，更容易进入心流状态。这个时候，个人的工作状态最佳，个人能力会得到最大化地释放。

稻盛和夫也是这样去思考目标的设定的，在他看来，过低的目标和过高的目标都不适合个人或团队的发展。为了确保个人和团队拥有一个更好的状态，为了确保激发出更大的能量，设定一个略高于现有能力的目标，无疑会让人们进入更出色的工作状态之中，这是提升团队竞争力的重要方式。

重视短期目标，不要被长远的计划迷惑

许多公司在发展的过程中，为了彰显自己的战略规划能力，为了让自己更好地把握未来，会提出一些长远的发展目标，比如提出一个5年计划、10年计划，甚至30年的发展计划。从企业发展角度来说，企业的确需要制定一个未来发展规划，只有制定了相应的发展目标和规划，企业的发展才能循序渐进，才能有一个指导性的方针。但对于未来的规划并不意味着就要将时间拉长，并不意味着就要无限制地制定长远目标。很多公司在制定10年甚至更久的长远目标后，都没有能够实现这些目标，甚至于企业本身也早早破产倒闭。其中很重要的一个原因就在于这类企业好高骛远，只看重未来而忽略了对当前发展的关注，忽略了对短期目标环环相扣的重视，当短期目标都无法一一实现时，所谓的长远目标更像是永远追不上的海市蜃楼。无论是对于个人还是企业经营者来说，想要获得发展都需要立

足长远,需要擘画伟大的蓝图,但立足长远以及擘画蓝图,并不意味着设立了长远的计划。

在谈到目标的设定时,稻盛和夫曾经这样说过:"每天,持续过好内容充实的'今天''这一天',我在经营公司的时候就一直坚持这一点。

"公司创建至今,我们从来不建立长期的经营计划。新闻记者们采访我的时候,经常提出想听一听我们的中长期经营计划。当我回答'我们从不设立长期的经营计划'时,他们总觉得不可思议,露出疑惑的神情。

"那么,我们为什么不设立长期的经营计划呢?因为说自己能够预见到久远的将来,这种话基本上都会以'谎言'的结局而告终。"

在稻盛和夫看来,"多少年后销售额要达到多少,人员增加到多少,设备投资如何如何",这一类的远大目标,往往会超出个人的控制,不管人们怎样努力,不管自己拥有多少优质的资源,总有一些环境变化、意料之外事态的发生会超出预想的状态,会打乱人们原有的计划和节奏,有时候甚至会迫使人们不得不放弃先前制订的经营计划,这不仅造成了浪费,还会因为频繁更改计划而打击员工的士气和工作热情。员工们可能会这样认为,'反正计划中途就得变更'。久而久之,员工就会轻视公司的计划,将计划抛在脑后。

目标太大或者太过于遥远时,员工可能缺乏坚持到底的耐心,比如公司制定了未来20年的发展目标,且不说能不能坚持20年,单是让员工等上20年就不够现实,员工在奋斗的过程中会反复质疑"为什么还没有实现目标",长此以往可能就会产生失落感,会觉得是否实现目标也是无关紧要的，在执行和奋斗的过程中，他们会慢慢放弃对目标的追求。

稻盛和夫早就见惯了这一类现象。在他看来，如果未来目标有很大可能半途而废，那么还不如一开始就不要设定远大的目标。和别的企业家动辄做出未来几十年发展的规划不同的是，稻盛和夫非常务实。他认为，一个人必须专注于当下，专注于眼前的发展。未来很重要，但不能过分追求远大的目标，只有做好当下的事情，一步一个脚印走下去，才能走得更远。正因为如此，在创立京瓷公司之后，稻盛和夫始终坚持用心建立一年的年度经营计划，他觉得3年、5年之后的事情，谁也无法准确预测，至于几十年以后，更是无法看透，但是这一年的发展情况，应该大致能看清，即便有一些错误的预估，也不至于错得太离谱。

不仅如此，在制订年度计划后，他还将其细化成每个月甚至每一天的具体目标，然后制定具体的实施方案。稻盛和夫认为，身为企业管理者，职责就在于确定目标、划分目标、分派任务，当高层制定一个年度大目标后，应该花费时间把这个年度大目标划分到月、到人，确保每个员工都可以清楚自己具体要干什么，要干到什么程度。

稻盛和夫深谙人性，知道如何去激发员工的能动性。在他看来，员工对于公司的远大目标往往不是很关心，因为太过于遥远的事情并不会让人保持一个长久的关注度。如果领导者说"让我们努力工作20年，看看会发生什么"，这样的目标可能会让员工觉得没有任何意义。对于员工来说，他们更加关心的是自己这个月需要做多少工作，能够拿到多少工资和奖励，自己这个月会不会很忙。

既然如此，经营管理者应该将目标缩小，将企业发展目标分解成为员工奋斗的小目标，确保员工每天都清楚自己要做什么，每个月要完成多少业绩，以及能够获得多少奖励。与之相对应的是，管理者必须制定合理的奖惩措施，给员工制定工作指标，然后通过奖惩措施来推动他们的行动。日本的另外一位伟大企业家松下幸之助正是这样做的，他每年都会对公司的年度目标进行分解，分解成季度或者月度，然后落实到每个员工身上，确保每个员工都获得相应的工作指标。为了激发员工的工作积极性，他做出承诺：如果员工能够实现各自的工作目标，公司将会给予相应的待遇和奖励。也正是因为使用了这样的管理方式，松下电器的工作氛围一直很好，公司的业务也才能够越做越大。

总的来说，经营者需要立足长远，需要有战略思维和长远的视野，但并不一定要投入大量精力到长远的计划和目标中。稻盛和夫曾经提出过自己的经营理念，那就是"乐观地构思，悲观地计划，乐观地实行"，在打造个人的梦想和蓝图时，可以保持乐观心态，做一些伟大的设想，坚信自己有无限的可能性，坚信自己有能力做到更好。可是在制订具体的计划和目标时，一定要慎之又慎，要考虑到发展过程中遭遇到的阻力和问题，要制定各种有效的应对措施，思考解决问题的方法，尽可能做好充分的准备。在计划阶段，人们需要注重有无把握实现它，要坚持做一些自己有把握去做的事情，要坚持做一些自己有能力去完成的事情。而注重短期目标，就要认真做好当前要做的工作，缩短计划的时间。如果将时间线拉得太长，目标定得太长远，自己反而会丧失掌控力，而这正是每一个领导者和管理者需要关注和思考的问题。

稻盛和夫又将这种工作态度和理念运用到生活当中。在他看来，认真过好每一天，才是最重要的。尽管人们需要畅想和憧憬未来，需要想办法打造一个未来的方向和发展目标，需要将目光锁定在长远的战略发展上，但未来的一切都是建立在当下每一天的努力的基础上。只有每一天都过得很充实，实现点滴的积累，才可能有足够的前进动力，推动自己向前发展。人们没有必要总是将注意力放在远方，放在将来，更没有必要为将来的事情而焦虑。一个人越是脱离当下而望向远方，越是容易对现实产生不满，越是容易对未来的目标产生无力感和虚无感，越是容易对一些困难产生挫败感和恐惧感。对于多数人而言，关注当下，成就当下，认认真真过好当下的每一天，才能真正把握明天。

而努力过好每一天既是最基本的生存模式，也是最基本的生存哲学。自然界的任何生命都是认真过好每一天、每一分、每一秒，从而延续生命，繁衍后代的。对于人类来说，也是如此，只有全力以赴地过好每一天，人们才能看清未来一周会发生什么；只有全力过好每一周，才能看清未来一个月会是怎样；只有全力过好每一个月，才能认真看透未来一年的发展情况。活在当下，就是要求人们专注于当下的生活瞬间和各种细节，就是要求人们认真享受当下获得的东西。

做事时，问问自己有没有更好的方法

稻盛和夫认为人活着应该提三个最重要的问题：第一个是"人为什么活着"，第二个是"作为人，何谓正确"，第三个是"人如何活得更美好"。其中第三个问题强调的是人生的不断进化，一个人活在世界上，就是要让自己的生活越来越美好，没有任何一个生命会开倒车，希望自己越活越差。

这种进化，不仅仅体现在内心的不断完善和强大，还在于个人能力的提升，在于实力的增强，毕竟只有一个人得到全方位的提升，才有能力去解决生活和工作中所遇见的种种难题，才有能力去追求更高更大更远的目标，创造更美好的生活。

所以，稻盛和夫认为人应该保持精进的态度，不要满足于当前所掌握的"程咬金三板斧"，也不要满足于当前看得见的成果。在正式开始做事之前，一定要想一想自己现在所使用的方法是不是高效的，有没有更高效、更科学的方法；要弄清楚自己所采用的方案是不是最合理的，有没有其他更为合理的方案；要主动去思考目前自己设定的工作流程是不是最完美的，有没有继续改进和完善的空间。

正如同稻盛和夫所说的那样："所谓人生，归根到底，就是'一瞬间、一瞬间持续的积累'，如此而已。每一秒钟的积累成为今天这一天；每一天的积累成为一周、一月、一年，乃至人的一生。那些让人惊奇的伟业，实际上，几乎都是极为普通的人兢兢业业、一步一步持续积累的结果。"

稻盛和夫举过清洁工的例子。在多数人看来，清洁工作似乎是非常简单的杂役，根本没有什么创造性可言，甚至都不需要掌握什么技巧，天天机械地重复那些单调的工作，根本就不会有任何进步，10年、20年以后还是一样。可是稻盛和夫却认为，只要清洁工不是单调地重复工作，想办法今天做一些不同的尝试，明天做一些不同的尝试，后天又想办法提高自己的效率，那么清扫效率一定能够得到提高。稻盛和夫说有的人打扫车间的时候，一直都是遵从从左到右的顺序，而他自己干脆改变模式，从中间往两头扫。这看起来似乎很无聊，但如此标新立异本身就能够带来创新和变化，毕竟很多伟大的创新想法都是从一些小细节的调整上生发出来的。试想一下，在365天的时间里，只要每天坚持改进一点点，即便是再简单、再普通的工作，也会在持续的进步中产生巨大的价值。

稻盛和夫曾经这样说道："今天这样试试，明天那样试试，后天再别样试试，不断提高清扫效率，365天孜孜不倦，每天进行一点一滴的改进，即使看来无比简单的工作，结果也会产生很多有价值的创新。一天的努力只有微小的成果，但是锲而不舍，改良改善积累了一天，积累了一年，就可以带来可观的变化，不仅仅是清洁工作，企业里各种各样的工作都一样。这个世界上，划时代的创造发明无一不是这样踏踏实实、地地道道，一步步努力积累出来而产生的。不论各位的企业属于哪个行业，不可以每天以同样的方法重复同样的工作，要不断有所创新，要把这句话作为公司的方针，明确地提出来。而且经营者要率先做出榜样，这样经过三四年，企业就会有独创性，就能进行卓有成效的技术开发。"

做人做事往往就是如此，如果每次做事对自己都有更高的要求，都想方设法做得更加完美，那么自己每一次做事不仅仅是尝试，更是一种进步。在心理学上有一个著名的公式：1的365次方等于1，但是1.01的365次方约等于37.78，而0.99的365次方大约等于0.025。这个公式强调的就是细微的变化在时间轴的影响下所产生的巨大影响。

在这个公式中，"1"代表了个人的工作状态和水平，"365"代表的是时间，"1.01"表明每天都在进步0.01，而"0.99"则代表每天都退步了0.01。如果从一天的进步和退步来看，并没有什么太大的变化，许多人会直接忽略掉这种变化，可是一旦加入时间这个要素，那么随着时间的增加和累积，每天的变化经过累加就会产生质变。只要每天都以进步0.01为目标，那么，到了年底所完成的业绩将是正常水平的37.78倍。

著名作家周国平也说过："日子总是被各种无聊充斥着，为了摆脱无聊，咱们不停地繁忙着。"周国平强调生活要动，不能停下来。而稻盛和夫不仅强调要动，要努力，而且要有进步，要确保自己的努力是高质量的。

那么，如何确保每天都能够获得进步呢？

第一，保持专注和努力。只有持续稳定的投入，才能带来进步，才能实现从量变到质变。专注和努力是个人奋斗的前提，也是进步者所需的基本素养。如果仅仅是做事，只是重复之前的工作和方法，那么，这一类复制行为并不会带来太大的变化，最多只是帮助人们做到熟能生巧。真正的精益求精，一定要做到态度上的专注和行为上的专注，要确保自己保持良好的工作状态。

第二，每天不断进行创造。有人曾采访稻盛和夫："您从事陶瓷研究，后来是怎么跨界通信行业，又是怎么涉足宾馆事业的呢？好像您做什么都能做成。"稻盛和夫笑着说："其实并没有啥，公司几度面对危机，但还好都挺了过来。假如你非要问怎么跨界的话，那只有一种办法：每天都不断地进行创造性的作业。我半个多世纪以来都是如此，哪怕少一点，我每天都会坚持去做。"

稻盛和夫非常重视创新，因此愿意投入更多的资金支持科研工作，他为此还专门拿出200亿日元成立了京都奖，专门奖励那些在科研方面做出贡献的人。据说，京都奖获得者的奖金从来就不低于1亿日元，可以说想要运作这个奖项，是需要一大笔资金来维持的。有记者曾问他："能一直将京都奖办下去吗？"稻盛和夫直接回应道："我刚设立京都奖的时候，拿出了200亿日元，现在稻盛财团的经济实力远在200亿日元之上。"

总的来说，只要想办法做到专注，并注重创造，那么就可以不断推动自己变得更好，推动自己去追求更高的目标。

有意识地注意，保持明确的目的

  稻盛和夫对于目标非常看重。他认为，一个人在做事的时候，一定要设定目标，而且需要紧紧盯着自己的目标，要明确自己做事的目的是什么，要了解自己有什么目标要实现。他曾经提出了一个有趣的概念："有意注意"。对于"有意注意"这一说法，稻盛和夫曾经这样解释："有意注意是指在任何情况下，对任何细小的事情，都'有意图地'凝聚自己的意识。而前面讲的观察行为等本来就必须是有意注意的连续。如果只是漫不经心地凝视，注意力忽三忽四的话就不算是有意注意。中村天风强调有意识地加以注意的重要性，他认为'只有有意注意的人生才有意义'。我们的注意力是有限的，总是集中意识注意一个事情是困难的，但是，如果用心就能逐步养成有意注意的习惯，就能抓住事物的本质和核心，具备准确的判断能力。"

有意注意就是凝聚意识，关注自己要做的事，关注自己所要实现的目标，时刻谨记自己的使命，强化自己做事的目的。在描述凝聚意识的方法时，稻盛和夫直接举了一个例子，他认为有意注意，就应该像日常使用的锥子一样，直接把力量凝集在最前端的一点上，然后快速和高效地施加压力。所以有意注意的核心就是集中力量在一个目标上，而在思考过程中，集中力的专注程度取决于思考能力的强度、深度、大小。而且当人们打算做一件事情时，首先一定要有憧憬。这个想法有多强烈？究竟能够持续多久？打算如何去开展自己的工作？这些都会决定"有意注意"的效果，都会决定做事的结果。

稻盛和夫做事非常注重"有意注意"的态度，而且要求员工也必须保持这种工作的姿态，将注意力和力量集中在所要实现的目标上。比如，京瓷公司曾生产过一种使用非结晶质硅硒鼓的感光硒鼓的打印机和复印机，由于这种特殊的感光硒鼓硬度极高，即使打印数十万张纸，硒鼓也完好无损。但这种非结晶硅硒鼓的研发过程却一波三折，技术人员曾花费很长一段时间，始终无法掌握技术要领。整个研发团队历经三年时间，只成功了一次，接下来想要复制这种成功，却无一例外地失败了。之所以会这样，就是因为感光硒鼓的铝筒表面需要涂上一层硅薄膜，而且只有确保整体以均匀的厚度成膜，才能发挥感光体的作用，这对研究人员提出了极大的技术挑战。因为想要每一次都保持均匀且一定厚度的涂抹膜非常困难，哪怕厚度上出现了千分之一毫米的误差，也会导致研发的失败，哪怕涂抹膜上出现了一个微不足道的斑点，产品也照样无法使用。

这样的难度，使得感光硒鼓难以实现量产。京瓷公司投入了巨大的财力、人力、物力，始终没有找到解决问题的方法，这让稻盛和夫一度产生了退缩和放弃的心理。好在稻盛和夫最后坚持下来，并打算重新审核，亲自观察和分析涂抹膜在形成过程中发生的现象和变化，对于每一个环节，都亲自加以确认，看看自己能够找到什么有用的信息。

不仅如此，他还鼓励负责研究的技术人员，要求他们仔细观察，无论什么时候都不要放过蛛丝马迹，尤其是发生一些异常情况时，一定不要遗漏细微之处。不过，稻盛和夫虽然多次强调要多加留意，明确自己的工作目标，可员工却置若罔闻。某一天夜里，稻盛和夫像往常一样去公司里巡查，结果看到原本应该认真工作的研究员，正趴在办公桌上呼呼大睡。

稻盛和夫一下子就意识到了问题的严重性，原来感光硒鼓之所以无法做到量产，并不完全是因为技术难度太大，很重要的一点在于研究人员不够专注，他们没有将注意力集中在工作目标上，没有像锥子一样专注解决工作中存在的问题。当一个员工不能有意地注意自己的工作时，他们就很容易迷失工作目标。

考虑到这或许不是个例，稻盛和夫直接替换了这个不称职的研究员，对负责这一项目的相关领导和员工进行大换血。此外，他还特意引进了一批新员工。与此同时，稻盛和夫选择将研究所从鹿儿岛搬到滋贺，对原有的固定组织进行了大范围的改革。当时，有不少人批评他做事过于鲁莽，毕竟如此大范围的换血行为会对公司的发展目标产生很大的影响。但最终的结果却很好，换血之后的团队对于研发目标更加专注，技术提升非常大，产品也得以顺利实现批量生产。

"有意注意"是一种良好的工作态度，而为了实现"有意注意"，或者养成"有意注意"的良好习惯，一方面要养成关注细节的良好习惯，培养自己的责任感，坚持对自己要做的事情负责到底，专注于目标，不要轻言放弃，也不要应付了事；另一方面，则要打造不容易分散注意力的工作环境，消除那些容易降低和削弱对目标注意力的不利因子。

比如稻盛和夫在年轻时喜欢和部下在走廊里交流，可是由于外界嘈杂的声音和人来人往的状况，导致走廊里的沟通环境并不理想。有时候，稻盛和夫会遗漏掉来自员工的一些重要汇报内容，员工在汇报后，稻盛和夫却没能记住这些内容，或者根本没有听见这些内容，使得双方的沟通出现严重的信息落差。当这类情况发生多次后，他直接取消了在走廊等地方接受部下汇报报告的工作方式。如果下属有什么事情要汇报，或者双方有什么重要的事情要交谈，完全可以在相对安静的办公室进行，或者去一个不容易被打扰的角落交流。在他看来，交流双方应该选择一个更有利于倾听和交流信息的地点。不仅如此，他还给自己提出了要求，如果自己正在做事，那么绝对不能一边做事，一边接受部下的报告，拒绝一心二用。

在稻盛和夫看来，一个人必须对自己所做的事情保持最基本的尊重，要展示出最基本的责任感。如果打算去做一件事，那么一定要保持极大的注意力，要对自己的目标认真负责，要时刻记住自己做事的目的是什么。

想要获得发展，先了解自己的器量

在谈到企业家的状态对企业的发展会产生什么影响时，稻盛和夫说了这样一句话："螃蟹只会比着自己的壳打洞。"他通过这句话来阐述一个基本的道理：企业规模完全取决于经营者的器量。那么，什么是器量呢？最基本的道理就是容人所不能容，忍人所不能忍。比如，有的管理者在用人时嫉贤妒能，不喜欢那些比自己能力更强的人，甚至处处排挤和打压那些出色的员工，这就是器量小的表现。不过，器量在更多时候表现为一种格局，体现出了企业家对企业发展的一种认知和规划。又如，很多企业家创业只想着赚钱，只想着如何剥削员工，这种情况下，他们自然会想尽一切办法将利润追求当成企业发展的唯一目标。这种利润至上的经营理念，肯定会对整个公司的发展产生负面影响，包括压榨员工的剩余价值，不注重环境保护，做一些有违公平竞争和诚信原则的事，一味满足个人的利益和虚荣心，不注重团队发展。

稻盛和夫在谈到企业经营和管理的时候，常常会涉及企业三观的问题。从某种程度上来说，企业三观更多的是企业家三观：企业家的品格决定了企业的性质，企业家的格局决定了企业发展的格局，企业家的视野决定了企业发展的宽度，企业家的思维方式决定了企业发展的高度。企业的规模，通常都不会超过企业家的器量。比如，很多企业一开始发展势头很好，发展速度也很快，在这样一个阶段，企业家往往可以依靠自己的权力来管理企业，通过强有力的领导推行加班文化、竞争文化，强化内部的执行意识，同时依靠强大的物质刺激来满足员工的需求。这样做，的确可以在短时间内带动团队的发展。可是通过权力和单一的资本逻辑模式，并不能产生持久的动力，员工很容易在这种相对粗放的管理模式中感到厌烦，甚至出现排斥的情绪。

当企业扩张到一定规模的时候，必然会遭遇发展"瓶颈"，内部的诸多问题也会逐渐暴露出来，甚至稍有不慎，便会导致企业濒临破产和倒闭。之所以会出现这样的状况，就是因为随着企业的扩大，企业家的器量没有得到相应的扩大，最终限制了企业的进一步发展。

一个聪明的优秀企业家，会想办法提升自己的为人品格、哲学理念和思维方式，提升自己对事物的挖掘、理解和执行能力。

在谈到品格的时候，主要涉及的是个人的道德品质，诸如这个人是否具有仁爱之心，能否关爱身边的人，是否重视员工的利益和客户的诉求，是否愿意以他人的利益为重；同时，还要看这个人是否遵循义理而行，是否愿意按照道理和原则办事，一言一行是否合情合理，让人心服口服，比如是否诚实守信，是否注重公平。还有一种常见的品质，就是知书守礼。一个人想要赢得他人的尊重，就要知晓相应的礼节和礼数，遇事不能失了礼仪，给他人留下不好的形象。

哲学理念主要强调个人对于生活和工作的态度，个人是如何理解经营和管理的，是如何理解发展问题的，是如何看待生活中的各种变化的，是如何与周边的人相处的，应该具有怎样的价值观和世界观。拥有更为合理的哲学理念，无疑能够帮助自己更好地调节生活和工作，了解自己的准确定位，并且更为合理地输出自己的价值和影响力。

思维方式则强调个人对事物的认知模式，看看自己是否站在更高的层次上来看待发展的问题，是否能够用更高效的思维来指导自己的行为，避免在一些重要事情上做出错误的判断和决策。思维方式的不同，往往决定了个人的格局和视野，决定了个人是如何来规划和布局人生的。

对于稻盛和夫而言，一个有器量的人，应该拥有崇高的道德，应该具备深邃的哲学意识，应该打造高效的思维方式，能够把握整体利益，具有大局观。只有具备这些要素，他才能够包容一切，才能够承担一切，也才能够获得与之匹配的成功。除此之外，稻盛和夫希望这种器量可以成为企业内在文化的一个部分，他曾经这样说道："自己的器量增大了，才能培养出优秀的人才，才能发现优秀的接班人，才能让事业取得稳定的发展。这就是我常常讲的'提高心性，拓展经营'。"很显然，他有意将这种价值观和思维方式以企业文化的方式一代代传承下去。

比如，在京瓷公司发展的过程中，稻盛和夫打算引进外来人才，当时他对老员工们这样说道："我想要让京瓷公司进一步发展壮大，为此，必须开展新的事业。只依靠我们搞陶瓷的人，新事业无法展开，因此我要从外部引进专家。进来的年轻专家，有时候他们的地位必须放到诸位老员工之上。这一点，你们能理解吗？"

稻盛和夫希望老员工有足够的器量接纳外来人才，但是他并没有直接批判那些制造阻碍的人，他认为整个公司本身就是老员工帮着自己打下来的，大家有理由占山为王，让外面来的人直接站到自己头顶上，这的确让人有些难以接受。如果大家都不喜欢让外来人的地位高于自己，公司也坚决不引进人才，满足于现有的发展规模，那么，待在现有的小山头上就够了。可是，大家既然创立了京瓷公司，就想着将它做大做强，那么，就需要引进人才。而留住这些人才的最佳方法，就是给予他们更高的地位、更高的报酬，这样才能将公司的业务越做越大。

他希望所有老员工都可以接纳那些引进的人才，为企业发展的大局考虑，在道德、哲学理念及思维方式上都进行自我提升。本质上，他是希望所有员工和自己一样，保持包容的、开放的心态，具备大局观和团队意识。而这样的团队，无疑是高效能的，能够适应恶劣的竞争环境。

在生活和工作当中，稻盛和夫始终坚信一点：做人的器量决定了做事的方法和结果。任何一件事情想要做大做好，任何一个人想要变得更强，就需要想办法扩大器量。

把握智慧迸发的瞬间

在进入松风工业后大约一年，稻盛和夫曾接受过一项新任务，那就是负责研究开发一种新型材料"镁橄榄石"。镁橄榄石的绝缘性能非常好，特别适合于高频电流，是电视机显像管绝缘材料的理想选择。当时还有一种材料滑石瓷，但对比镁橄榄石，几乎全面落了下风，镁橄榄石的应用前景显得更好。

稻盛和夫的任务就是合成镁橄榄石，因为之前的镁橄榄石都是以粉末的形式存在的，非常松脆，基本上无法成型。在过去为了使其成型，大都选择加入一些黏土，但黏土含有杂质，会对粉末的质量产生影响。比如，镁橄榄石粉末用于制作电视电子枪中U字形绝缘体的材料，加入黏土的粉末会影响产品的性能，影响产品的使用。为了解决这个问题，必须找到新的合成方式使镁橄榄石成型。

可是相关的研究开发，在很长一段时间内都没能获得成功，稻盛和夫不得不加班加点，反复试验，在一种近乎疯狂的工作状态下，独立肩负着巨大的压力。但令人难以置信的事情发生了，某一天早上，稻盛和夫像往常那样去上班。当时，他一边思考着如何解决"黏性"问题，一边走进实验室，由于太过专注，不小心被某个容器绊了一下，差点跌倒，而这个几乎绊倒他的东西，就是实验用的松香树脂。

稻盛和夫直接询问同事："谁把松香搁在这个地方？"话刚一说出口，一个伟大的念想立时在他的脑中一闪而过，他突然意识到：松香树脂就是非常好的黏结剂。随后，他立即架起一个简单的锅，将粉末和松香放入锅中，一边加热一边混合，然后倒进模子里使之成型。和预想的一样，这一次的镁橄榄石得以成功成型。因为松香和粉末混合放入高温炉里烧结时，作为黏结剂的松香会被烧尽挥发，这个时候，做出的成品U字形绝缘体中就不会残留任何杂质了。

就连稻盛和夫也没有想到，自己冥思苦想几个月时间也收获寥寥的研究难题竟然以这样一种意外的方式解决了，简直是不可思议。后来在回忆这件事时，稻盛和夫非常虔诚地说道："那一瞬间只能称为'神的启示'。"

为什么这么说呢？他认为虽然解决问题的人依然是自己，但也许是自己的努力、勤奋、专注感动了神，所以神赋予了他智慧。

这样有趣的事情，不止发生过一次。稻盛和夫经常在苦苦思考解决问题的方法时，受到一些生活中的小事儿的启发，也正是因为有过这些如有神助的体验，此后他每次遇到难以解决的问题，就爱对员工们这样说："要让神愿意伸手援助，你就必须刻苦钻研，全身心投入工作。这样的话，不管面临多么困难的局面，神一定会帮你，事情一定能成功。"按照他的说法，当一个人深陷困境的时候，仍旧要保持专注和勤奋，只有这样，才能够带来意想不到的好运气。

总之，真正的核心仍旧是奋斗，是专注，是坚持，是不屈不挠。幸运之神往往会偏爱那些持续付出的人，偏爱那些对自己所做之事怀有信心的人。许多时候，人们喜欢用运气来描述一个人意外的成功，会觉得这种意外基本上只会出现一次，根本不具备什么研究的意义，下一次遇到类似的事情不一定会产生同样的智慧，因为一个人不可能总是被幸运之神光顾。可是，如果我们对历史上那些成功者的事迹进行分析，就会发现许多所谓的运气、所谓的巧合，都是有其存在和产生的逻辑的。那些看起来很幸运的瞬间，那些似乎很难重复出现的神来之笔，本身都是个人实力的一种体现。

"机会永远偏爱有准备的人"，这句话适用于任何一种意外所得，毕竟一个人只有做了充分的准备，做了充分的工作，积累了足够多的经验，才有机会把握智慧迸发的瞬间。一个人思考问题的方式、解决问题的思维，以及获取高价值信息的能力，并不会凭空出现，也不会依靠瞎蒙来获得，它一定是靠知识和经验的积累，它甚至会深入个人的潜意识当中，当成熟的契机出现时，人们就可以在第一时间把握住它，使问题得以在一瞬间迎刃而解。

就像很多人依赖直觉做出判断一样，当他们面对一些无法解决的问题时，可能会动用直觉的力量。人们通常会认为直觉是一种不科学的方法，至少不够严谨，不够合理，但在面对一些疑难杂症的时候，合理与理性的分析未必真的能够起到应有的作用。依靠直觉，有时候反而可以快速解决问题，因为直觉本身并不是一种完全意义上的主观判断，并不是所谓的瞎蒙和胡乱猜测。直觉的出现，建立在个人知识积累的基础上，在某些特定时刻，人们的头脑会突然开窍一般，闪现出相应的智慧。

心理学家发现，人的思维过程本身就是一种选择机制。在遇到难题时，人们会在大脑中自动列出一大堆答案，然后从中挑出合理的选项。在这个过程中，大脑会自主搜寻事物之间潜在的关联性，并依据这种关联性来进行各种推理，当人们觉得自己灵光乍现之时，其实是大脑对知识储备进行过滤与审核，并做出合理的判断。依靠直觉做事就是这样，在意外事件中获得灵感也是这样。一个人如果缺乏足够的知识储备，缺乏足够的思考和摸索，那么大脑就无法进行信息检索，无法将所遇到的难题与内部的知识储备进行对照。

所以，稻盛和夫一直强调要把握智慧迸发的瞬间，这并不是一种唯心主义的说法，而是切切实实的一种自我激励，更是一种有效的思考方式。而想要运用好这个方法，就一定要保持良好的工作状态，要全身心投入工作当中，要保持强烈的渴望，以及积极思考各种解决问题的方法。只有长时间保持这种专注的状态，才能真正从困难中获取灵感和智慧。正如稻盛和夫所强调的那样：

"冬天越寒冷，樱花就开得越烂漫。人也是一样，不体验痛苦和烦恼，就很难有大的发展，就不会抓住真正的幸福。我的人生中曾遭遇过无数的困难和挫折，但恰如奥赛罗棋盘上的黑棋一下子返归白棋一样，困难和挫折后来都变为成功的基础。现在回顾起来，我感觉到，当初认为痛苦的事情后来全都给我带来了好结果。"

第三章

每天都要极度认真地活着

一天的努力只有微小的成果，但是锲而不舍，改良改善积累了一天，积累了一年，就可以带来可观的变化，不仅仅是清洁工作，企业里各种各样的工作都一样。这个世界上，划时代的创造发明无一不是这样踏踏实实、地地道道，一步步努力积累出来而产生的。不论各位的企业属于哪个行业，不可以每天以同样的方法重复同样的工作，要不断有所创新，要把这句话作为公司的方针，明确地提出来，而且经营者要率先做出榜样，这样经过三四年，企业就会有独创性，就能进行卓有成效的技术开发。时至今日，京瓷并没有停留在精密陶瓷领域，而是在太阳能电池、手机等领域内推进多元化经营，但是当初我只具有精密陶瓷这一窄小范围内的专业技术，就是说独创性的产品开发、独创性的经营开始时京瓷也没有，各位能不能每天都认真追求、钻研琢磨、不断努力，这才是问题的关键。

——稻盛和夫

脚踏实地，不要总是想着走捷径

稻盛和夫曾经说过，看一个男人未来是不是很有钱，只要重点抓住两个细节：第一，喜欢钻研的人容易获得成功；第二，踏实能干的人容易获得成功。稻盛和夫一直强调一点：伟大的视野从来都不是从一开始就可以实现的，只有脚踏实地的努力和一步步的积累才能完成。所以他并不喜欢那些所谓的聪明人，有些聪明人做事锋芒毕露、大肆张扬、急功近利、好高骛远，工作时难以沉下心来，总是想着走捷径一步登天，想着自己在短时间内就可以获得非凡的成功，结果聪明反被聪明误，什么也做不好。

踏踏实实，这是稻盛和夫做事的基本原则。作为一个资质平庸的人，稻盛和夫从小到大都没有表现出高人一等的才智，他不仅身体不好，学习成绩也很普通，在就业方面也一直不如意，但是他却获得了常人难以企及的成功，这绝对不是天赋使然，而是脚踏实地的努力促成的。"脚踏实地的努力"一直都是稻盛和夫身上最大的标签。他从来不是什么天才，甚至连聪明人也算不上，唯一的优势就是比别人更加勤奋、更加努力，更加懂得一步一个脚印坚持走下去。

他曾这样感慨道："人应该有宏伟的梦想和愿望，这十分重要。然而，即使制定了宏伟的目标，在平时却仍然不得不从事那些看似枯燥乏味的日常工作。因此，有时候人们会因为'梦想与现实之间存在的巨大落差'而倍感苦恼。

"但无论在哪个领域，想要取得辉煌的成果，就必须脚踏实地、一步一步、坚持不懈地努力，做好采取措施改良改善、收集基础实验数据、四处跑业务等工作。

"人生也一样。人生中并不存在喷气式飞机般方便快捷地把人送到目的地的交通工具，帮助你轻而易举地到达目的地。唯有像尺蠖一般，脚踏实地、勤勤恳恳、一步一步向前走。"

这种感悟，在创立京瓷公司之后尤为明显。当时，稻盛和夫面临巨大的压力，他希望公司可以越做越大，越做越强，成为行业翘楚，甚至为所有员工擘画了一幅伟大的发展蓝图，但考虑到公司的资源和技术，想要在短期内实现这个目标并不现实。此外，员工需要着手解决一个又一个横亘在眼前的困难，需要在枯燥乏味的工作中持续突破。对任何人来说，这都是巨大的挑战，毕竟谁也不清楚长时间在这样枯燥的工作中坚持究竟会起到什么效果，不清楚团队某一天是不是就会放弃。

而解决上述问题的唯一办法，就是带领团队脚踏实地做下去，在枯燥的工作中一步步走下去，不仅自己需要保持脚踏实地的工作作风，还要带领团队也保持这种作风。稻盛和夫意识到，"一个人能做的工作有限，但只要团结众多志同道合的人，脚踏实地、不懈努力，就能取得伟大的成就"。他将这些想法反复灌输给团队成员，希望所有人都拥有和自己一样的想法，以便更好地统一作战。

后来的发展证明了稻盛和夫的想法是正确的，由于大家都沉下心来保持较高的专注度，脚踏实地，从小事情做起，从追逐小目标起步，一点点去积累，一点点去突破，终于使京瓷公司成长为世界级的大公司。

长期以来，稻盛和夫都以低调著称，很少发表什么高调的演说。尽管他一直强调要心怀远大的梦想，但是在具体执行的时候，他更加倾向于低调、认真地执行，而做到这一点，就需要在态度上做一些调整。

——想要做到脚踏实地，就要杜绝好高骛远的现象。不要总是想着做大事，不要总是想着做那些难度很大的事，需要从小事做起，从细节抓起，需要从简单的事情着手，慢慢积累经验去做那些难度更大的事情。稻盛和夫非常注重对细节的掌控，要求员工将每一件小事都做到极致，就是希望所有人可以保持认真专注的做事态度，先从小事做起。

——想要做到脚踏实地，就要杜绝贪功冒进的现象。当人们试图做某件事时，一定要做好合理的规划，要确保自己的每一次行动都有充分的保障，要确保自己有足够的把握把事情做好，而不要盲目去做一些远远超出个人能力范畴的事情。同时要做到循序渐进，按照既定的规划路线去执行，不要试图走跳跃式路线。稻盛和夫一直都在强调团队的稳定性，这种稳定性包含了前进的节奏，公司需要一步一个脚印地向前迈进，逐步接受挑战，而不是选择做一些自己完全没法掌控的事，或者选择一些完全脱离掌控范围的目标。

——想要做到脚踏实地，就要杜绝走捷径的现象。许多人做事不踏实，不专心，缺乏耐力，遇事想着寻找更加简单快捷的方式，但走捷径可能会导致经验积累不足，忽略对风险的预判和控制，导致面临严重的失利。在这一方面，稻盛和夫的观点很明确，那就是保持充分的战略耐心，慢慢积累经验，慢慢积蓄能量，不要投机取巧，不要总是想着走捷径、靠运气，一切都需要每一天、每小时、每分钟投入大量的努力来完成。只有踏踏实实做好分内之事，才能真正走向成功。

需要注意的是，脚踏实地包含了对风险的控制，风险控制是采取脚踏实地策略的基本目的，也是一个必要的手段，无论是把握细节，从小事做起，拒绝跳跃式发展，还是避免走捷径，本质上都是确保风险管控的效果。一般来说，在保证工作态度的同时，可以设定一个监督机构，监督团队的运作，确保不会偏离路线。比如很多团队在制定策略和做出决策时，会想办法寻找一个保守派来"搅局"，给所有决策者施加压力和阻力，搅局者会不断提出各种反对意见，会指出决策中不完善的地方，避免内部出现激进的、狂热的状态。尽管这类人并非总是正确的，但正因为这种机制的出现，可以监督决策机构做出更加合理的决策。

付出不亚于任何人的努力

2009年的时候,国际市场经济还没从全球金融危机中复苏,依旧显得很低迷,许多人都极度绝望,各大企业也艰难求存。同年6月,稻盛和夫前往北京,下了飞机之后,正逢北京的一场大雨,前来接机的人非常高兴,告诉稻盛和夫说北京是久旱逢甘雨。一路上,坐在车里的稻盛和夫看着窗外的风景,感慨万千。这一场大雨,使得山林草木得到了及时的浇灌,但北京也已经在干旱中期盼了许久,而其他地方呢?更多的草木,它们的生存状况仍旧没有得到改善,还有其他一些动物也是一样,千方百计地求生存,丝毫不敢偷懒,因为在如此残酷的自然环境中,只要不努力,就可能无法生存下去,这是宇宙的基本法则。

受到触动的稻盛和夫意识到了努力的重要性,同时也打算回公司后,将这一次的体会传递给所有员工,让他们意识到努力的重要性,让他们理解奋斗的意义。

在稻盛和夫的人生哲学体系中，付出努力是一个重要的内容，他说过勤奋努力的人不一定会获得成功，但是不努力的人是绝对不会获得成功的，"要取得事业和人生持续的成功，有两个条件：第一，你先要做一个好人；第二，就是你必须付出不亚于任何人的努力。唯有这样，自助者人助天助的局面才会出现，你自身的潜力才会得到充分发挥，你周围的人也会由衷地支持你，你的成功将不可阻挡"。

京瓷公司在最初成立的时候，没有资金和设备，也没有经验和技术，根本无法在市场上站稳脚跟，稻盛和夫带领团队日夜攻坚，解决技术难题，那个时候大家经常熬夜加班，很多人甚至根本不知道什么时候回家，什么时候应该睡觉，工厂既是研发基地，又是宿舍，生活作息规律完全被打破了。稻盛和夫一直都在鼓舞员工，希望他们可以继续咬牙坚持，只有努力追赶，才能带领一无所有的京瓷真正在市场上生存下去。

经过努力，京瓷的技术有了明显的突破，并且顺利成为日本五大电器公司生产电视机、显像管所用的精密陶瓷部件的企业。尽管当时的产品加工技术只有京瓷一家公司掌握，拥有一定的竞争优势，但京瓷没有去追求垄断地位，其产品的单价只有9日元。这样便宜的单价，显然极大地压缩了京瓷的利润空间，大家都很难想象这样的利润和营收是否可以支撑起京瓷公司伟大的梦想，可是稻盛和夫却信心满满，他对众人说道："从大企业的成长发展史来看，它们都是从小事业开始的，点滴积累，不断创新，踏实努力，坚持不懈才有后来的辉煌。一开始就想抓大商机，想靠偶然碰巧的生意发财是靠不住的，长久不了。企业发展的要诀一点不难，认真做实事，一步一步踏踏实实，持续付出不亚于任何人的努力，精益求精，持之以恒，如此而已。"

他之后带领团队日夜奋斗，不断强化自己的愿望，不断加大付出的力度，一步一个脚印做下去，从几万、几十万的订单，做到几千万、几亿的订单，所有人都在努力，都努力做到精益求精，最终将生意越做越大。1971年，当京瓷公司的股票顺利上市时，全体员工自发地聚集在工厂的空地上相互祝贺、相互分享，稻盛和夫发表了讲话："以百米赛的速度跑马拉松，或许中途倒下，或许跑不动了落伍，大家这么讲过，我也这么想过，但是与其参加没有胜算的比赛，不如一开始就全力以赴，即使坚持不长也要挑战。幸运的是，我们不知不觉中居然适应了高速度，用这个高速度一直跑到了今天。"

正因为有了这样的经历，后来每当有人遇到困难想要放弃时，稻盛和夫总是用这段话来激励他们："'我拼命做眼前的工作，认真解决眼前的问题，但总见不到成果，见不到进展。'年轻朋友中有许多人可能这么想。但是我劝你们更加努力，'努力已达极限，比这更大的努力绝对不可能了'。如果努力达到这种程度，你或者会获得灵感，就像神给你的礼物一样；或者会出现承认你的努力、向你伸出援手的人。"

人们在面临失败和挫折时，经常会无力地说道："对不起，我已经努力过了，这就是我所能做到的全部了。"可事实上，很多人的努力只是停留在花时间和精力去做这件事，而没有想过自己是否付出了比别人更多的努力,是否一直在全力以赴,努力突破自己的极限,是否一直在推动自己坚持不懈。真正的努力应该是发自内心的拼搏,而不是一种简单的形式上的努力,只有坚定目标和理想的人,才会真正愿意在实践中投入。只有发自内心地去奋斗,才能够推动自己不断挖掘潜力,不断挑战极限,全身心地投入工作当中去。

付出不亚于任何人的努力,这是一个基本的工作态度,在这个前提下,人们必须发自内心地去奋斗,去解决现实中遇到的问题和困难,而且必须有一个直观的对比,那就是要保证自己的努力程度不能比别人更低。毕竟当别人比你更加努力的时候,你又拿什么去和别人竞争,又拿什么去把握机会呢?除了对比之外,人们还要懂得坚持不懈地努力,不能因为见不到成果就自动放弃,努力既要有强度,也应该有韧性,只有持续努力付出的人,才更有机会获得成功。

将每一件毫不起眼的小事做到极致

石油大亨洛克菲勒年轻时曾在一家石油公司上班,任务是检查石油罐盖的焊接情况。由于工作枯燥,缺乏创造性,大家都觉得这是没出息的工作,都不愿意去做,洛克菲勒也不太想做,他找到主管,要求调换工作,主管非常不客气地说:"不行,别的工作你干不好。"洛克菲勒有些沮丧,只好继续检查油罐盖上的焊接圈。

经过一段时间的观察,他发现焊接好一个石油罐盖,需要39滴焊接剂,他非常好奇为什么一定要用39滴焊接剂,难道不能少用一滴?想到这一点,他就开始进行各种测试,结果发现无论自己怎么改进工艺,都需要39滴焊接剂,因为原有的自动焊接机,就是为每罐消耗39滴焊接剂专门设计的。想要减少焊接剂,唯一的办法就是改进焊接机。

接下来的一段时间,他每天都在研究如何减少焊接剂的方法,最终研制成功了"38滴型"焊接机。虽然每焊接一个罐盖，只能节省微不足道的1滴焊接剂，可是积少成多，一年下来就可以为公司节省高达5万美元的焊接剂。虽然减少焊接剂的量只是一件小事，但洛克菲勒的举动却创造了巨大的价值，而这种价值很快引起了高层的注意，他们开始破格提拔洛克菲勒。

洛克菲勒的精神值得所有人学习，因为在日常生活和工作中，人们很容易在小事情上降低执行的标准，会觉得没有必要在小事情上多做投入，没有必要在一件小事情上浪费太多的资源。一个人应该选择做大事，应该专注于一些更大的目标。比如很多百年老店，并没有生产汽车，并没有制造手机，并没有在一些所谓的"伟大事业"上折腾，而是选择了一些非常不起眼的项目，生产螺丝、生产饮料，制作美食和雨伞。这些看起来都是非常渺小的事情，都是一些很容易被人们归类为"无足轻重的小事"，但是对于很多投入者来说，正是因为他们一直都保持专注和热爱，才能够在平凡的小事情上做出伟大的业绩。

稻盛和夫对于小事和细节非常看重，他认为一个人的价值并不在于做什么，而在于怎么做，做事的态度决定了做事的成就，人不一定非要做大事，也不一定非要做大事的时候才认真。任何时候，做任何事情都要保持良好的工作态度，只要保持专注，只要不断寻求突破，那么即便是一件小事，也能够做得非常出色。所以，一个人即便拥有伟大的梦想，也应该一切都从小事情上着手去努力。稻盛和夫认为，一个人只要把小事情做好，一样可以获得惊人的成功。

比如，稻盛和夫在研发新型陶瓷的时候，需要使用罐磨机来混合新型陶瓷的粉末，他先是在罐磨机中放入球形石块，然后使用罐磨机滚动石块，石块就会不断研磨原料，使其变成粉末。而在完成研磨工作之后，他就使用刷子清洗罐磨机中的石块。

整个清洗工作简单枯燥，看起来没有什么技术含量，起初稻盛和夫一直都很敷衍，觉得随便刷几下就好了。他看到有一位前辈平时都是慢慢清洗罐磨机，感到不悦，以为这位前辈是在磨洋工，故意拖延时间。按道理来说，清洗工作非常简单，只要爽快刷上几遍就行了，根本用不着那么慢条斯理，小心翼翼。这位前辈一遍一遍地清洗罐磨机，是不是偷懒，白白地浪费公司宝贵的人力物力。他有时候路过这位前辈的身边时，会有意无意地讥讽他几句，意思无非是暗示他快点做事，别在工作岗位上混日子了。可这位前辈依旧一声不响地用刷子清洗着罐磨机，节奏依旧像往常一样慢，没有受到稻盛和夫一丝一毫的影响。

后来，有一次稻盛和夫隔着一段合适的距离，停下脚步，悄悄地认真观察了这位前辈一番，突然发现一个现象：这位前辈清洗时会先用刮刀将石块中的粉末剔除出去，然后用刷子认真清理，并且用清水冲洗干净，还直接用挂在腰间的毛巾反复擦拭清洗过的石头，使其保持干净光滑。

这个时候，稻盛和夫终于意识到：石块在研磨过程中，表面往往会出现一些缺损，而破损的凹槽处容易吸附上一次遗留下来的粉末，这样难免会影响到产品的质量，毕竟新型陶瓷质地细腻，而这些残存的粉末会成为影响原料精确混合的杂质。自己此前胡乱应付地清洗，直接导致产品因为杂质过多而质量不过关，如果像这位前辈一样使用刮刀和刷子认真清理，就不会存在粉末遗留的问题。

简简单单的一件事，简简单单的几个动作，让稻盛和夫羞愧不已，他在内心暗暗地向对方道歉，同时也为对方认真工作的态度深感敬佩。此后，稻盛和夫改变了自己的工作习惯，每次实验完毕，都必定会使用刮刀和刷子认真清理，然后用水清洗罐磨机，杜绝粉末中出现杂质。也正是因为这样小小的举动，新型陶瓷的研制非常成功，而且很快成为市场上的畅销产品。

这件事让稻盛和夫意识到：做事的态度一定要认真，即便是一件小事也应该想办法做到极致，不能马马虎虎地随便对待和应付。尽管每个人都渴望做一番大事业，每个人都渴望自己所做的事情高端上档次，具有很大的社会影响力，但对于绝大多数人而言，做人要踏实一点，要认同自己的平凡身份，不要总是想着做大事，因为做大事也需要资源、能力、条件来支撑，如果缺乏相应的条件，那么就不必在做大事上白费心思了，毕竟多数人都只是普通人，多数人也只能做平凡的工作。与其想办法等待那些重大的机遇，等待着做一两件大事，还不如用点心思去做好自己现有的工作，从小事情入手，踏踏实实地将自己手头的事情一桩桩、一件件地做到极致，挑战并突破自己的能力极限。

心理学家曾经提出慢回馈的理念。做人要培养慢回馈思维，将一件不起眼的小事做到极致，就是一种典型的慢回馈思维，其核心包括两点：第一点就是从小做大，一步一个脚印地成长；第二点就是相关的项目必须具有持久发展和成长的空间，实现伟大的积累。从小事开始，将小事做大做强，推动小事情从量变实现质变，这就是慢回馈思维的体现。人们需要坚信一点，只要自己肯付出，只要自己不断优化和精进自己的业务，就可以通过一件小事来释放自己的价值，做成伟大的事业。

做别人认为做不成的事情

美国有一个卡内基协会,是钢铁大王安德鲁·卡内基创立的,而这个协会在其1991年度《研究报告》的开篇这样说道:"我们接下来将要挑战的事业,正是别人认为我们绝不可能做成的事。"

这段话正是引用了稻盛和夫的原话,稻盛和夫多次强调"要做被人认为我们肯定做不成的事",这是他在面对外界的质疑时所提出来的口号与宣言。如果仅仅说是做事,或者完成既定的任务,实现既定的目标,那没有任何挑战性,稻盛和夫认为,一个人越是看扁你,越是觉得你做不成某件事,那么就越是要去做这件事。他喜欢接受这种挑战,非常享受这种被质疑和挑战的过程。他认为,一个人、一家公司,只有拥有挑战极限的勇气,才能够不断推动自己进步,成就伟大,塑造辉煌。

很多人觉得稻盛和夫不过是爱说大话而已,但纵观他的一生,他的确有足够的资本说出这样的话。比如，在创办京瓷公司时，稻盛和夫一直期待着可以在陶瓷研发领域占据重要的位置，可以研发出一款具备竞争力的陶瓷材料，可是外界对此并不看好。他们认为，京瓷公司只是一家不起眼的小企业，基本没有任何技术积累和经验积累，公司所拥有的员工也很普通，并没有什么高精尖领域的人才。不少人觉得稻盛和夫不过是白日做梦，亲朋好友也劝说稻盛和夫还是选择做其他项目算了，不然，在新陶瓷的项目研发上给同行笑话，面子上也不好看。

面对外界的质疑，稻盛和夫不仅没有气馁和撤退，反而把这些打击当作动力，带领全体员工接受挑战，下定了将外界不看好的项目顺利完成的决心。在他的亲自动员和带领下，整个京瓷公司上下一心，开始投入大量的人力物力来搞研发，最终成功地研发出了新陶瓷。这项成绩，不仅破除了外界的质疑，还让京瓷公司得以迅速崛起。

后来，稻盛和夫非常自豪地表示："事实上，京瓷过去做的也是人们认为做不到的事，开发新型陶瓷，把它作为新兴工业材料，将它发展成为数百万亿日元规模的新兴产业。在此之前，人们觉得这是不可思议的，充分利用新型陶瓷的优良性能，进一步开发出半导体封装件，促进了电脑产业的蓬勃发展，同时又开发出了人造骨、人造牙根等新物体，为社会做了贡献。京瓷如此富有独创性，很多公司归结在京瓷的开发力上。对照自己，他们会说'我们公司缺乏那样的技术，无法发展也是不得已的事'。我认为这种观点站不住脚，没有哪一家公司天生就有杰出的技术，能不能专注于创造性的工作，明天胜过今天，后天胜过明天，不断改进，不断创新，这才是能不能实行独创性经营的关键。"

在拯救日航时，稻盛和夫也是这样，勇于挑战别人认为他做不成的事情。当时，外界普遍不看好稻盛和夫，认为他必将晚节不保。要知道，日本航空公司因负债2.3万亿日元而破产，直接导致银行损失5500亿日元，44万股民的股票也不得不归零。在稻盛和夫接手之前的那一个财年，日航亏损额竟然高达1800亿日元。虽然稻盛和夫接下了重担，但舆论几乎100%认为日航肯定免不了要"二次破产"，即使稻盛去了也起不到任何作用，甚至他也很可能会被日航拉下泥潭，毁掉一世英名，但稻盛和夫偏偏不信这个邪，明知山有虎，偏向虎山行，带领日航的全体员工干劲满满地迎难而上。2010年，日航在稻盛和夫接手后一年，就实现1866亿日元的盈利，然后，稻盛和夫直接在2011年3月便挂冠而去。稻盛和夫在日航前后任职共计400多天，但正是这一年多的时间，他为日航注入了新的活力，带来了翻天覆地的变化。2012年日航重新上市，这对所有人来说都是一个奇迹。或许人们对日航的重新上市不以为意，但是要知道自从1962年以来，日本政府的企业再生支援机构协助重建的破产企业共有138家，其中有59家企业在重建过程中最终消亡，这些重新获得上市机会的企业只有9家，它们从着手重建到上市的最短时间，也花了7年多。

这些数据足以证明稻盛和夫的确了不起，同时也证明了他挑战外界质疑的决心坚如磐石，任何人也撼动不了。在日常生活和工作中，人们经常会受到外界评价的左右，甚至会通过外界的评价来给自己一个明确的定位，凭借外界的评价来知道自己能做什么，不能做什么。但是，这样干很容易产生一个问题，那就是人们可能会丧失掉自身的主观判断力，将他人的评判标准当成自己的评判标准，将他人的想法当成自己必须依循的行为准则。在这种情况下，个人的竞争力定然会有所削弱，个人的奋斗意识也定然会受到外界的渗透，尤其是当外界普遍不看好你的时候，你极有可能会表现出妥协、退缩和保守的一面，丧失继续努力和挑战不可能的决心和勇气。

有时候，人们需要保持自信，需要尊重和坚持自己的想法。不过，需要强调的一点是，稻盛和夫鼓励人们做那些被别人都认为做不到的事情，并不是一种盲目的自信，也不是一种随随便便提出来的发展策略。对此，他提出过一些具体的要求。比如，他认为没有人或者没有公司从一开始就可以解决所有问题，总有一些事情是难以解决的，但人们必须认识到变量的概念，必须意识到只要肯努力付出，那么就会不断获得进步，而做那些在别人看来根本做不到的事情，就是建立在进步的基础上。

从这一点拓展开来说，稻盛和夫认为人们应该对未来充满信心，坚信自己未来可以获得成功，解决当前遇到的难题。稻盛和夫说过："所谓不可能，只是现在的自己不可能，对将来的自己而言那是'可能'的。应该用这种'将来进行时'来思考，要相信我们具备还没有发挥出来的巨大能量。"

他不止一次谈到了"将来进行时"的话题。他认为，当前的能力并不能代表一个人的发展界限，人们可以通过不断的努力来获得进步："有关创造性的话题，我经常讲一个用将来进行时思考的观点，不是以现有的能力决定将来能做什么，而是现在就决定一个似乎无法达到的高目标，并决定在将来的某个时点达到它。盯住这个目标，通过不间断的顽强努力，提高自己现有的能力，提高到将来的某个节点能达到的既定的高目标。如果只以现有的能力判断今后能做什么不能做什么，就根本无法开阔视野。现在做不成的事，今后无论如何都要把它做成，这种强烈的使命感才可能开辟一个新时代。"

稻盛和夫认为一个人需要认真应对自己的挑战，做到不卑不亢，既不要过分夸大任务的难度，也不要盲目自信和乐观。不过，人们可以用发展的眼光来看待事物，通过时间的增长来强化个人的能力，挑战一下那些被他人普遍不看好的任务，因为人是会成长的，能力也会持续进化，现在做不到并不代表以后也做不到，重要的是要具有敢于挑战的信心和决心，这样才能够让自己更专注地应对各种任务。

在旋涡的中心工作，争做团队核心

无论是什么团队，无论团队做些什么事情，都需要一个精力充沛、能够引导他人的核心人物。这样的核心人物，将会成为全体成员的中心，然后在周围形成一种昂扬向上的气场，将所有人都卷入这个气场中去，带领他们一同为目标而积极奋斗。这种人可以自动工作，带领周围的人有声有色地展开工作，而他们时刻处于积极奋斗的中心，是大家的力量之源。

在创办京瓷公司之后，稻盛和夫打造了一套独特的京瓷哲学体系。在京瓷哲学体系中，有一个内容叫作"成为旋涡的中心"。简单来说，就是领导者在工作时必须把周围的人卷进工作的旋涡。稻盛和夫认为，仅凭自己一个人是无法将工作做好的，必须与上级、部下以及周围的人相互配合、齐心协力，共同面对和解决问题。而为了更好地打造协作关系，自己首先必须积极主动地承担工作，表现出自己的热情和专注度，这样就更容易形成一种周围的人自然而然地前来协助工作的氛围。这就是所谓的"在旋涡的中心工作"。在日常生活和工作中，到处都存在这样的旋涡。

所谓"在旋涡的中心工作"，意味着自己在工作中必须积极主动，通过积极的态度以及出色的工作能力，引导更多的人向自己靠拢，打造良好的工作氛围，推动彼此之间的互动与协作。在《部落》一书中，"在旋涡的中心工作"被归结为以下数项"领导者的特质"：

领导者挑战现状。

你的管理不能没有知识。你的领导不能没有想象力。

领导者对他们将要去改变的世界充满好奇心。

领导者用魅力（以各种形式）吸引并激励追随者。

领导者表达对未来的期望。

要用足够长的时间来赢得部落的尊重和认可。

我所做的一切都是为了我们，而不是我。

利己主义者不会成为领导。"伟大的领导者不想被关注，而是利用关注。他们利用它来团结部落并增强使命感。"

掌控、权力、机灵或联结，不是成为领导者的必要条件，你需要的是去承诺。

…………

那么，请来个灵魂三问：

你每天都在思考"变革"吗？

你是"管理",还是"领导"?

你"所做的一切都是为了我们,而不是我"?

甚至当你使用"管理"这个词的时候,已经注定你无法学会他。

在"在旋涡的中心工作",想办法成为旋涡的中心,本身就是打造一个积极的工作态度,对周围的人产生积极的影响。如果一个人做事没有主见,缺乏热情和积极性,凡事以别人为中心,自己只会在外围跟着转,一切听从他人的号令行事,就无法体验到"在旋涡的中心工作"的乐趣。所以,一个人必须表现出足够的积极性和能量,争取成为旋涡的中心,争做核心者、影响者与布道者,积极引导和带动周围的人开展相关的工作。

稻盛和夫曾经说过,物质分为可燃型、不燃型以及自燃型三种,而人同样可以分为可燃型的人、不燃型的人以及自燃型的人。可燃型的人点火就着,他们很容易受到动员和鼓舞,只要激励到位,他们就会成为很好的执行者和创造者。不燃型的人属于点火也不着的那一类人,他们总是表现得很冷漠,遇事缺乏干劲,不具备奉献精神,而且还会给别人泼冷水,影响别人的工作状态。

自燃型的人具有很强的积极性和主动性,可以自动燃烧,不需要别人的动员,就可以投入自己的工作当中。这类人热爱工作,非常专注,拥有明确的目标,并且能够努力实现目标。这类人具有很强的气场,能够形成属于自己的强大能量场。他们不仅会爆发出强大的工作能量,还能够用实际行动来感染身边的每一个人,引导身边的同事也爆发出强大的能量。当团队中拥有一个不燃型的人时，整个团队的工作效率可能会严重下降；如果拥有自燃型的人，那么团队就会爆发出强大的能量，无论是工作劲头，还是工作能力都会得到有效保障。

在稻盛和夫看来，公司应该多培养自燃型的人，或者说员工应该有意识地推动自己变成自燃型的人，只有这样，才能有效地进入旋涡中心工作，给周边的人带来更加积极正面的影响。稻盛和夫这样要求员工，同时也以这样的标准来要求自己。在公司内部，他一直都能够做到身先士卒，树立良好的工作榜样：他要求公司里的人加班，而自己几乎每天都会加班加点，为公司的发展尽心竭力，为了推动团队的进步，他保持专注的工作态度，全身心投入工作中，不放过任何一个细节，而这也给其他员工带来了许多正面的影响；他要求所有人必须主动去做事，而不是被动接受指令，不是被动地按照上级领导的指令机械地做事。因此，每一次有什么想法，他都会主动召集大家一起商量，寻找解决问题的方法，并且鼓励员工去主动思考解决问题的对策。

在具体谈到自燃型的人以及"在旋涡的中心工作"的人时，稻盛和夫举了一个例子：公司下达指令，这个月的销售额必须得到提高。这个时候，一个新入职的员工直接找到老员工，"师兄，董事长讲了要提高销售额，今天下班后，大家集中讨论一下怎么来提高，好不好？"稻盛和夫认为，能够说出这些话，就表明这个新员工是"在旋涡的中心工作"的人，这类人就有希望成为团队的领导者，就有希望带领团队越做越好。

总的来说，稻盛和夫希望员工可以主动去工作，热爱工作，在工作中保持专注和认真的态度，同时具备问题意识，可以主动提出各种问题，并引导其他人一同去寻求解决问题的方法。在稻盛和夫看来，只有这样的人才能够激发出团队巨大的能量，才能够取得丰硕的成果。

在工作中投入"爱"

京瓷公司成立之后,曾接到一个特殊的订单:冷却广播机器真空管的水冷复式水管。可京瓷公司只是一家生产小型陶瓷产品的公司,生产的也只是一些大水管,使用的也是老式陶瓷原料,想要生产小的水冷复式水管,不仅缺乏相应的技术和经验,也没有相关的设备。不过,向来喜欢接受挑战的稻盛和夫还是自信满满地告诉客户:"一定会顺利交货。"

在做出承诺后,稻盛和夫方才意识到难度有多大:产品的成型、干燥出现了很大的问题,由于干燥不均匀,导致产品出现很多裂痕。一开始,稻盛和夫认为是干燥时间太长引起的,于是缩短干燥时间,但问题并没有解决。之后他又带领团队设计了其他方法,效果也不理想。经过讨论和分析,稻盛和夫决定在未完全干燥之前的柔软状态时,给产品缠上布条,然后往上面吹雾气,使得产品慢慢干燥。

刚解决了干燥过度导致裂痕的问题，他又发现生产出来的水管中有不少开始变形，团队想了很多方法，始终难以解决这个问题，稻盛和夫干脆决定抱着水管睡觉。他会在一个靠近炉窑且温度适中的地方躺下，然后抱着水管，一整个晚上都慢慢转动水管，使其保持受热均匀，同时也能避免出现产品变形的情况。这样的举动，让不少人直呼荒唐。像照顾孩子一样生产产品，这样的事情简直闻所未闻，但稻盛和夫管不了那么多，他就是将这些水管当成自己的孩子来培养的，为了确保"孩子健康成长"，他毫无保留地倾注自己的爱。尽管稻盛和夫也认为在新时代、新技术下，抱着水管睡觉的方式有些落伍，不仅不安全、不卫生，效率也很低，并不值得提倡，但重要的是这种把自己的产品当宝的态度。他认为，一个优秀的工作者，就要将自己的产品当成孩子来对待，要投入自己的爱。如果一个人拥有"抱着产品睡觉"的想法，那么他一定可以及时发现产品的问题，并想出解决问题的方法。

稻盛和夫说过，很多公司经常会出现产品合格率不高，而且很难进一步提高的问题，这就是因为研发者和管理者没有用心去审视产品，没有用包含谦虚和爱意的心去倾听产品的哭泣声。稻盛和夫觉得，产品出现问题时，是会哭泣的，重要的是人们必须把握住这种信号。为了找到产品的问题出在哪里，稻盛和夫每次去现场审查，都会带上高倍放大镜，然后仔细观察产品，看看有没有什么问题和瑕疵。当他发现不合格的产品时，他就会认真思考："它为什么哭泣，究竟哪里不舒服？"

比如，在生产一种板状新型陶瓷制品时，稻盛和夫发现烧结出来的产品不是上边翘，就是下边弯曲，产品不够平直，根本无法使用。经过反复试验，团队终于找出了其中的问题所在，那就是原料上边和下边的施压方式不一样，加上原料配比不同，使得产品密度不一，最终出现弯曲的现象。那么，该如何解决这个问题呢？稻盛和夫不得不在炉子上开一个小孔，观察产品的烧结情况，了解温度对产品弯曲的影响。每一次，他都恨不得将手伸进去把产品弄直。也正是因为有这种冲动，某一天，他突然想起来可以选择用一个耐火的物件压在产品上，避免它在烧结过程中产生弯曲现象。事后，稻盛和夫非常高兴地说道："向工作倾注爱情，就是最好的老师。"

在谈到"爱"的时候，很多人都会联想到人际关系和社交情感。而爱的范围很广，在人际交往中付出自己的爱，就可以赢得更大的信任。同样，在工作中投入自己的爱，就可以获得理想的回报。很多大企业都重点打造精益文化，都希望员工购买自己的产品，希望员工可以爱护好自己的产品，这些都是爱的表现。而稻盛和夫更进一步，他强调将自己的产品当成孩子一样来对待，当成爱情一样来经营，将自己的工作当成一项极具挑战的情感任务，人们需要付出时间、精力、耐心，以及爱。如果人们不爱自己的工作，那么就无法将工作做好；如果人们不爱自己的产品，也就无法制造出合格的产品。只有在工作中投入更多的爱，才能够做出更大的成果。

许多人将工作当成一种义务，当成养家糊口的工具。在他们看来，工作是迫不得已的一种谋生手段，如果不工作就无法养活一家人，无法维持家庭的运转。基于这种心态，人们可能并不喜欢工作，或者说仅仅是为了完成任务，在这种情况下，人们很难在工作中保持专注和认真。而如果人们可以在工作中投入更多的爱，就可以保持更好的工作效率，就愿意为自己的产品付出更多的时间和精力，愿意保持更好的工作状态。

在稻盛和夫的哲学体系中，"爱"是一个重要概念。利他主义是一种爱，善待他人是一种爱，以爱的名义去工作也是一种爱。在工作方面，稻盛和夫的确做到了至真至诚，他不仅仅是一位管理者，而且是一位悉心抚养孩子的家长，或者是一位经营爱情的痴情人。他认为，一个人既然想要生产产品，那么就要对产品负责，对工作负责，这不仅仅是为了满足客户的需求，也是对自己的内心负责。

在工作中投入爱，不仅可以有效提升工作的热情，提高工作效率，还可以产生一种更高层次的情感互动：工作者不再单纯地完成任务，而是在工作中保持倾听姿态，认真发现和了解工作中存在的问题。发现问题，预判风险，这本身就是一种能力，而这种能力可能来源于更专注、更真诚的投入。只有饱含爱意的工作者，才能够更敏锐地发现问题，也才能更为执着地去解决问题。

正如苹果创始人乔布斯所说的那样："有些时候，生活会给你迎头一棒，不要丧失信心。我确信唯一让我一路走下来的是我对自己所做事情的热爱。你必须去找你热爱的东西，对工作如此，对你的爱人也是这样的。工作会占据你生命中很大的一部分，你只有相信自己做的是伟大的工作，你才能怡然自得。如果你还没有找到，那么就继续找，不要停。全心全意地找，当你找到时，你会知道的。就像任何真诚的关系，随着时间的流逝，只会越来越紧密。所以继续找，不要停。"

持续做一件事

稻盛和夫曾经这样教导人们："'持续就是力量'这是至理名言。人生最重要的就是'持续'，就是'持续做好一件事'。即将参加工作、开始踏上人生道路的年轻的朋友们，我要告诉你们的就是'踏踏实实、一步一个脚印，持续努力地工作'。就是'把分配给自己的工作当作天职，一辈子持之以恒，努力不止'。想要获得充实的人生，这一点比什么都重要。为了做到长时期持续地专注于一项工作，需要下什么功夫呢？我是这样考虑的。"

在他看来，做一件有意义、有价值的事，或者做一件自己感兴趣且能够发挥能力的事情并不难，真正难的是持续不断地将这件事做下去，持续不断地去深化自己对这件事的理解，在细节以及方法上不断提升，不断完善。

稻盛和夫非常敬佩一个普通的农民，并将其当成心中的伟人来看待。此人名叫二宫尊德，是江户时期的一个农夫，在封建等级森严的幕府时代，他属于社会底层的人，没有上过学，也从未受过高尚的礼仪学识教育。这样一个几乎一辈子与泥土为伴的人，又是如何赢得稻盛和夫的认同和钦佩的呢？

原来，二宫尊德一生中只做了一件事，那就是致力于村藩的改革和复兴，每天都和泥土、庄稼为伴，加上一把铁锹、一把锄头、一顶草帽，这几乎就是他工作的全部。作为幕府时期名副其实的农村实践家，二宫尊德之所以得到德川幕府的赏识，原因就在于幕府末期，社会动荡不止，各地出现了苛捐杂税和高额地租，再加上严重的灾荒和饥饿，直接导致农业凋零，土地大量荒废，各地村庄也日益荒凉凋敝。二宫尊德在这个时候，主动站出来，带领民众开垦荒地，将荒凉贫穷的村落变成了富饶的庄园。

这样的改革成果，使得二宫尊德获得了德川幕府的赏识，并被选入幕府，其个人荣耀，达到了诸侯的级别。稻盛和夫对二宫尊德的事迹崇拜不已，认为一个人如果能够像二宫尊德一样，长年累月、日复一日地坚持劳作，就可以精进不止，并成为行业内的伟人。

按照稻盛和夫的说法："这种精进潜移默化地耕耘着二宫尊德的内心，提升了他的心性，磨砺了他的人格，进而升华了他的灵魂。全身心地努力去做一件事，你所获得的将不只是事情的结果，更是内心深处的灵魂的精进。"

如果仔细进行回顾，就会发现京瓷公司在几十年的发展历史中，一共经历了5次危机,包括20世纪70年代的石油危机、80年代的日元升值危机、90年代的日本房产泡沫危机,2000年的互联网泡沫危机和2008年的全球金融危机。但京瓷公司没有产生过一次年度亏损,这是一份令人感到吃惊的成绩。也许有很多人觉得京瓷公司很幸运,但这种幸运本身就是京瓷公司不断完善自我带来的结果,如果进行深究,那么幸运的背后必定是稻盛和夫强大经营管理理念的一种证明。

作为京瓷的掌舵人,稻盛和夫之所以可以带领京瓷成功避险,除了不断强化自身的竞争力之外,还有一点很重要,那就是懂得抑制欲望,不被眼前的利益所诱惑,坚定地做好自己应该做的事,保持奋斗的专一性。

1973年10月,全球爆发了第一次石油危机。这次危机,直接导致日本经济陷入混乱。某一天,一位银行家拜访稻盛和夫,然后谈到了投资地产的事情:"两年前房地产开始升值,大家都在购买土地,通过转卖可以获利,贵公司把利润放在我们银行,非常感谢,但这个社会流行借钱买地,自有资金加银行贷款买地已经成为时代特色,贵公司想借款,不管多少我们都愿意借,许多不动产可以保值升值!"

听完银行家的话,稻盛和夫直接说了一句非常经典的话:"我的理念是只有自己额头流汗、辛勤工作赚来的钱才是利润。"在他看来,自己只需要坚持努力做好当前的工作和业务即可,没有必要再去做高回报的地产项目。银行家有些遗憾,认为稻盛和夫错过了挣大钱的机会。可是仅仅过了一年半,火爆日本的房地产泡沫破裂,许多把资金投入地产事业的公司开始遭遇巨额亏损,最终因为资金紧张而倒闭,而坚持不碰地产项目的京瓷却逃过一劫。

事后，不少媒体盛赞稻盛和夫有先见之明。对此，稻盛和夫表示自己只是不喜欢做一些投机的生意，不喜欢接触房地产而已。在他看来，这种诱惑很容易导致公司改变发展目标，难以专注当前的业务，影响公司长远的发展。创办一家优秀的公司并不容易，但更难的是保持基业长青，如果企业不能保持专注，管理者不能持续投入，那么企业的发展趋势很容易被中断。

有人曾经做过一项统计：日本企业的平均寿命达到了58年，而且日本的百年老店是世界上最多的。2019年，有7568家日本企业达到150年或者超过150年，如果将企业寿命调整为200年，日本以3146家的数量占据绝对优势。相比之下，德国只拥有837家，荷兰为222家，法国也有196家。相比于很多国家的企业，日本企业的专注度是比较高的，企业家更加懂得如何专注自己的业务。当其他企业家热衷于投机，热衷于一些火爆的项目时，他们依旧选择坚守自己的创业项目，专注地做自己的工作，持续自己的业务，最终在坚守中不断进化，掌握了更多的竞争优势。

在稻盛和夫看来，只要专注于做好企业的分内之事，几十年如一日地坚守一个目标和方向，将资源持续在这个方向上输出，那么，企业最终必定会越来越强大，生命力也必定越来越顽强。

影响员工的最好方法就是以身作则

对于多数管理体系而言，在下达命令的过程中，领导者通常都愿意用制度、权威来强制要求员工按照规定执行任务。告诉员工应该做什么，不应该做什么，应该怎么做的硬性规定，存在一个弊端，那就是很容易引起员工的反感。他们会认为，是权力和地位的差距决定了自己的执行状态，因此从内心来说，他们在遵守指令时或许并没有太过强烈的意愿。相比之下，如果领导者能够以身作则，树立一个良好的榜样，或许可以对员工施加更大的影响力。

在谈到领导力的时候，权力只是其中一个因素，个人的魅力值也不容小觑，同样很重要。而塑造一个好的榜样，本身就是展示个人魅力的重要方法。简单来说，领导者在要求员工做某件事或者按照某个要求做事时，得先确保自己可以做到这件事，或者确保自己可以按照相应的要求做事。

比如公司里谈论最多的，就是工作要积极努力，全身心投入；要坚持完成每天必须做的工作，不得拖延；要遵守纪律和规章制度，不要违反规定；要坚持团队至上的理念，以团队利益为先。管理者和领导者应该尽量做好榜样，先确保自己能够带头执行，这样，才能推动员工在潜移默化中更好地理解和执行相应的指令。

从管理的本质上来说，管理包含了以下两个方面：一个是领导者对团队内部人员进行管理；另一个是管理者进行自我管理。通常情况下，人们所认为的管理体现为管理者对下级执行者的领导和控制，而往往忽视了自我管理，要知道，自我管理是管理中的重要内容，毕竟只有通过自我管理来提升个人的素质和能力，管理者才会具备足够的权威和自信，也才会具备足够的管理优势和说服力。

多年来，稻盛和夫一直坚持以身作则，并且期待所有员工可以和自己保持同样的心态，具备同样的理念。为了实现这些目标，稻盛和夫非常注重个人的言谈举止，始终保持低调、谦逊、好学、勤奋、和善的形象。他希望，自己的一言一行可以影响到更多的人，可以给更多的人带来正面的影响和引导。

在谈到领导力时，稻盛和夫曾经这样说道："要想在工作中得到部下和周围人的帮助，自己必须做到率先垂范。假使遇到别人都讨厌的工作，我们也要挺身而出主动承担。

"无论堆砌多少优美动听的辞藻，如果没有实际行动的话，就不能抓住人心。想让别人做的事，首先自己要用行动做出表率，这样，周围的人才会追随你。

"率先垂范是需要勇气和信念的，只要我们不断地用心实践，就能够提升自我。不仅是领导者，所有的人也都要努力做到率先垂范，必须在工作中形成这种风气。"

一般情况下，管理者在塑造榜样时可以从几个方面入手：

——品德与魅力

吉利创始人李书福在某次接受《中国企业家》采访时，对稻盛和夫做了这样一番评价："我觉得日本的稻盛和夫真是一个楷模。他的制高点就是讲道德。这是很重要的，离开了道德什么都干不成。但是你原来企业规模小的时候，这方面还不是很强烈，企业到一定程度，就是靠道德来制约。"

稻盛和夫非常看重个人的品德，并且将品德作为人才考核的要素，但他并没有一味要求别人必须多么高尚。在要求员工展示美德时，他同样对自己的道德提出了很高的标准。比如，他为人谦逊、低调，非常自律，待人和善，注重公平公正，不搞特权，非常懂礼数，懂得站在他人的立场上考虑问题。更重要的是，他在工作中没有什么私心，一切都是为了公司的发展和团队利益着想，拥有很强烈的责任感。这些高尚的品德，让他魅力四射，也让他在员工心中树立起了更好的形象。

——学习与技能提升

稻盛和夫一直都在催促所有人努力前行,要求员工必须不断精进自己,不断提升自己,确保能够创造更大的业绩,而他自己也是这样认为的。在他看来,世界一直都在不断向前发展,科学技术也在不断进步,人们应该理解并把握这样的基本趋势,努力让自己跟上时代的脚步,而最好的方式就是学习,通过不断的学习来积累更多更先进的知识,来推动自己不断掌握更多更高效的工作方法。

稻盛和夫在工作时,也不是什么都懂,也不是什么问题都能够解决,但是他始终抱着努力进步的决心,想办法提升自己,给所有人做一个表率,这样就可以推动更多的员工去学习新的技能,掌握新的经验。

——主动执行

在管理实践中,许多人遭遇到的问题往往并不是策略不好,而是执行力不足,当团队管理者制定好发展方案并下达指令之后,底层的执行者却无法顺利完成任务,出现执行不到位的情况。在面对这种情形时,管理者常常会认为是执行者的能力和素养不过关,认为内部的管理太过于宽松,缺乏约束力。可真正的问题也许在于管理者自身的执行意识不强烈,执行力糟糕,以至于上行下效,导致员工的执行意识薄弱。

针对这个问题,稻盛和夫反复强调管理者要起到带头作用,要做好榜样,率先展示出强大的执行力,遇事要认真对待,第一时间给予解决,不要养成随意应对和拖延的习惯。平时也要注意维护和遵守纪律,严格按照公司内部的规定做事，不搞特权，不做一些违背规定的事情，这样才能够产生足够的说服力和引导力。

对于稻盛和夫而言，以身作则是一个领导者应该具备的素质。只有为员工树立起良好的榜样，才能有效提升领导力，才能为整个团队注入更强大的能量。

第四章

面对诱惑，坚持自己的哲学

坚定并遵循基于原理原则的哲学，它将引导事业走向成功，为人生带来丰硕果实。当然，这绝对不是一条充满乐趣的享受之路。以哲学为基准的人生，要约束自己、束缚自己，甚至多数场合伴随着痛苦，有时还可能是处处"吃亏"的苦难之路。究竟要选择两条路中的哪一条路，当你犹豫彷徨时，我建议你远离自我利益，选择那条充满荆棘的道路，因为这是人生"本来应该"走的路——我们就是要选择这样愚直的、艰辛的生活方式。但是，目光长远地看，根据坚定的哲学采取行动最终绝对不会吃亏。即使暂时看上去吃亏，不久一定会恢复为"获利"，而且肯定不会犯大错。

——稻盛和夫

抓住事物单纯的本质

在谈到如何去工作、如何去处理问题的时候,稻盛和夫给出了自己的见解,那就是想方设法抓住事物的本质,从事物的本质入手,掌握事物发展的规律,了解事物变化的趋势,从而找到合理的解决方式。他曾经这样说道:"通过探究事物的原委,我们能够体悟到真理和事物的本质。所谓探究原委,是指把全部的精力投入一件事物上,抓住其核心。有了对一件事物深刻探究本质的体验,就可以融会贯通到其他所有的事物中去。

"即使是看起来很枯燥无味的事情,也要把它看作上苍赋予自己的天职,全身心地投入工作之中。这样锲而不舍、坚持不懈地努力,就一定会找到真理。

"一旦明白了事物的真理,那么,不管做什么,不管身处何种环境,都可以自由自在地发挥出自己的力量。"

在稻盛和夫看来，了解事物的真理，是把事情做好并且发挥出自己潜力的关键因素，而且他还给出了自己的方法，那就是将全部的精力投入某一件事情上，付出自己的努力。按照他的理解，想要真正抓住事物的本质，需要做好三件事：贯彻完美主义，坚持精益求精的理念；认真工作，埋头苦干；脚踏实地，坚持不懈。

他曾经有过类似的经验，当自己全身心投入某项工作中时，自己就会获得更多智慧上的开悟，对于事物的发生和发展的脉络以及底层逻辑更加了解。不过，他认为抓住事物单纯的本质，并不仅仅是为了解决问题，同时也是为了升华自身美好的人格。他觉得万事万物都是相互连通的，把握事物的本质会让人对生活的一切融会贯通，思想也会逐渐开悟，对于人生的理解，对于世界的看法都能够提升到一个很高的境界。这个时候，他的修行也上到了一个很高的层次，并且在道德修养上渐趋成熟。

稻盛和夫有一次观看关于"宫大工"（一种日本传统木匠工种）的电视节目，一位六七十岁且常年离家工作的老师傅与一位大学哲学系教授对话，发现老师傅不仅技艺超群，而且谈吐不俗，其所表现出来的涵养和水准，甚至连大学教授也自惭形秽。稻盛和夫认为，这位老师傅正是因为在长年累月的认真工作中悟透了真理，因此对事业、对人生才有如此非凡的见解，个人的人格与道德素养才会如此出色。

稻盛和夫由此拓展开来，谈到了领导者的人格和道德问题。他认为，很多人在自己只是普通工作者时，会非常努力地工作，为人处世也很得体，可是一旦成为领导者，就开始得意忘形，喜欢溜须拍马的人，喜欢阿谀奉承的话，容易受不良风气的左右，人格变得卑污，常常干一些连以前的自己也瞧不起的事情。这种变节的行为，恰恰是这个人没有做到脚踏实地、认真工作，参悟事物真理的表现，其所对于事物的看法，对于人生的理解，还停留在非常肤浅的层面上。

许多组织都在为寻找一个合格的领导者而发愁，而那些规模很大，社会功能也很强大的组织更是求贤若渴。一旦领导者存在严重的缺陷，就可能对组织以及整个社会造成严重的冲击。也正是因为一将难求，人们一直在试图弄清楚领导者必须拥有什么特质。对于这一点，稻盛和夫认为，完美的人格肯定是必须具备的。不过他也知道，人们在工作中会面临很多诱惑，权力、地位、经济利益、美色，这些都会腐蚀人的心灵，会影响人们工作的专注度，会弱化人们对于工作的忠诚度。

也正是因为有这些诱惑，稻盛和夫一直都主张人们一定要心系一处，不为纷纭万象所扰，用水滴石穿的韧劲儿去把握住事物的本质，通过日拱一卒、久久为功的恒心来提升自己的人格，完善自己的品行。只有把握住了事物的本质，我们才能达到使万事万物融会贯通的境界。稻盛和夫有很多崇拜者，这些人大都来自不同的行业，来自不同的社会阶层，但他们都对稻盛和夫的理念推崇备至，就是因为稻盛和夫提出来的理念具有规律性和普遍性。这些理念不仅仅适用于企业经营管理，同时也适用于政治团队的管理，适用于民间组织的管理，适用于其他一切组织的管理，因为只要看透了管理的本质，那么所有的管理形式本质上都是相同的，甚至是人生的经营管理，也可以从中受到启发。而这些人之所以可以参透其中的道理，也正是因为他们足够认真专注，能够认真对待自己的工作，养成凡事都"有意注意"的习惯，确保做事之前始终抱着明确的目的，认真将个人的意识和精力锚定在目标上，挣脱本能反应和漫不经心的状态的捆绑，将自己的心气儿和干劲儿凝聚起来，集中在自己要做的事情上。尽管做到这样很困难，但是只要慢慢培养起有意注意的习惯，人们就具备了抓住事物的本质和核心的基本素质，具备了做出正确判断的能力。在不断地挖掘和创造中，找到解决问题的方法，并且通过对事物本质的把握，提升自己的感悟力。

除此之外，人们还需要创造一个良好的工作环境，重点打造一个能够保障自己可以专注进行思考的工作环境。一般来说，人们所处的生活环境和工作环境充满了噪声，人们的工作很容易被外界的干扰因素所打断，导致整个工作时间和工作状态都是分散的、割裂的、碎片化的。这样的状态，很难保证人们进行深度思考，更无法把握事物的本质。因此，人们还是应该尽可能创造一个良好的工作环境，为自己保持更好的工作和学习状态提供必要的保障。

保持简单，拒绝复杂

京瓷公司开始运行时，稻盛和夫碰到过一个经营难题：如何看懂财务提供的利润表和资产负债表。这是每一个企业家必须掌握的能力，但稻盛和夫是技术出身，对产品的研发和制造比较熟悉，对自家的产品性能自然了如指掌，却没有会计和财务方面的经验、知识，实在无从应对这方面的工作。为了解决问题，他只能邀请外援公司派来的财务科长来公司协助处理内部的会计事务。为了弄清楚公司的财务状况，稻盛和夫几乎一到月底就对对方穷追不舍地提问："这个月怎么样？"财务科长每一次的回答都夹杂着许多专业的会计术语，稻盛和夫基本上每次都是听得云里雾里，不知道对方说些什么，也听不懂那些专业术语背后的意思。很多人都说利润表是相对简单的财务报表，但稻盛和夫就连利润表也看不懂，觉得要看懂真是太难了。正因为有过这样痛苦的经历，稻盛和夫想到了一点：一定要将企业经营简单化，哪怕它原本就非常复杂，也一定要想办法用最明了的方式去认识和理解它。

有一天，稻盛和夫忍不住问财务科长："如果销售减去经费剩余就是利润的话，那么只要把销售额增加到最大，把经费压缩到最小不就行了吗？"这句话让会计大吃一惊，他每一次都使用复杂的专业的术语帮忙处理账目，而稻盛和夫虽然不是专业人士，但是一句话就指明了解决问题的方法。后来，稻盛和夫将"销售最大化、经费最小化"当作一个基本的准则，强调管理者只要思考如何做到这一点就行了，因为"销售最大化、经费最小化"就是整个企业应该奋斗的方向。

了解内在发展规律的他，从此便把"销售最大化、经费最小化"作为经营企业的大原则。这一原则是企业获取高收益的一个基本模式，虽然听上去非常简单，要做到却很不容易。一般来说，很多人会认为销售额增加的话，经费可能也会水涨船高，但其实两者之间并非成正比关系，只要方法得当，人们是可以在增加销售额的同时做好成本控制的，最简单的一个例子就是规模化营销。现在最流行的规模化营销是短视频直播，一般来说，短视频直播具有很好的杠杆作用，可以大规模复制产品，实现规模化营销，而与此同时，它的边际成本几乎为零，不会随着销售规模的增加而增加，因此，可以同步实现销售额的最大化和成本的最小化。

在这一方面，稻盛和夫强调构建一个完整的系统："假定现在的销售为100，为此需要现有的人员及设备，那么订单增至150，按常理说人员、设备也要增加50%才能应付生产，但是做这样简单的加法绝对不行，订单增至150，通过提高效率，本来要增加五成的人员，压缩到只增加两到三成，通过这样的方法来实现高收益。订单增加、销售扩大，公司处于发展期，正是搞合理化建设、提高效率，变成高收益企业的千载难逢的机会。但是，大多数经营者却在公司景气时放松管理，错失良机。订单倍增，人员设备也倍增的方法很危险，一旦订单减少，销售降低，经费负担加重，立即一落而成为亏本企业。实施'销售最大化、经费最小化'的原则，必须建立一个系统，使每个部门每月的经费、明细一目了然。"稻盛和夫后来导入阿米巴经营系统，有效提高了管理的效率，也进一步验证了他"大道至简"的管理理念。

　　简单和复杂，一直都是一对非常尖锐的矛盾，它们几乎充斥于人们的生活，而在多数时候，人们会理所当然地认为更加复杂的东西一定更有层次感，一定能够更好地传递完整的信息，一定可以打造一个更完整的体系。因此，当人们觉得交通堵塞时，便会想方设法修建更多的公路、铁路，但交通问题并没有像自己想象的那样得到缓解。在技术研发方面也是这样，无论是电脑、手机，还是其他电子仪器，它们的发明并没有真正让操作者使用时感到更加轻松和简单，各种以简化为名的技术设置反而让事情变得更加复杂。而团队的管理和建设也如出一辙，人们为了加强管理，往往是通过不断增设部门、增加制度成本的方式，来实现这一点，结果却导致整个管理体系越来越臃肿，非但没有达到加强管理的效果，反倒使管理的力度和效率越来越低。政出多门，扯皮推诿的现象，越来越常见。只要看一看如今的大企业病，我们就可以知道复杂体系带来的弊端有多大。

从某种意义上来说，追求复杂成了一个"不容辩驳的正确"的方式，使人们的生活能量白白地消耗在各种复杂的体系中而浑然不觉。

稻盛和夫不止一次发出感慨："大到国际上的问题，小到家庭里的纠纷，社会中的各种矛盾纠纷，当事者各有意图，各有道理一大堆，使得原本十分简单的问题复杂化了。所以，越是错综复杂的问题，就越要回到原点，根据单纯的原理原则进行判断。面对很棘手的问题，用朴实的眼睛，根据简单明快的原理，对事情的是非、善恶进行判断即可。"

比如，他曾与著名数学家广中平佑交谈，向对方请教破解数学难题的秘诀，广中平佑笑着说："把二维空间中无法求解的问题放到三维空间中。"广中平佑随即举了十字路口的例子，在一个没有红绿灯和交通警察指挥的十字路口，四个方向的车子很容易挤在一起，造成交通堵塞的情况，而在解决这个问题时，工程师们的想法是造出立交桥。这样一来，四面八方的车子实际上处于不同的维度上行驶，即便没有红绿灯，车子也不会撞在一起。稻盛和夫认为人们完全可以运用添加维度的原理，将复杂问题简单化。

许多人在解决问题时，注重形式化，注重针对相关症状设计解决方案，却没有想过深入挖掘造成事情得不到解决的根本原因是什么。稻盛和夫希望，人们可以回归本质，根据简单的原理和朴素的思想进行判断和行动，借以真正拨开云雾见南山，洞悉事物的本质，并找到解决问题的最佳方法。与此同时，他还希望每个人都具备是非心，都持守社会公认的善恶评判的标准。只要我们的社会设定好一个正常的是非标准和善恶标准，那么，在评估一件事情或者设计某种体系的时候，只需按照这些标准来推进就行了。

关注事情发生的源头而不是结果

稻盛和夫说过,有两只手左右着人们的运程:一只手叫命运;一只手叫因果。如果一个人相信命运的话,那么他往往就会变得毫无作为,因为他相信一切都是冥冥之中准备好了的,每个人都有属于自己的命运剧本,既然如此,自己也就无须奋斗了,毕竟命运如果决定了自己享有荣华富贵,那么自己不用奋斗也会到手。而命运如果决定自己成不了事,那么自己无论做多大的努力也是徒劳。要真是这样,人们在生活和工作中必将变得消极被动,什么也不愿意去争取。

如果一个人相信因果,情况则有所不同。因果是一种非常科学的说法,因为事物之间原本就存在着联系,都是相互作用的,一件事的发生必定会对另一件事产生影响,必定会产生一个相应的结果,这一点是毋庸置疑的。有句俗语叫:"凡夫畏果,菩萨畏因。"普通人最害怕承受意外的结果，而菩萨却担心自己会不会种下一个错误的因。其实，普通人也应该担心自己会不会种下错误的因，因为一个错误的因必定会产生一个错误的果，这就像走路一样，一个人的起点和方向错了，那么最终到达的地方肯定会偏离原定的目的地。稻盛和夫认为，佛教的这种思维方式是适合普通人用来经营人生的，一个人想要活得更加坦然，更加舒适，只需要把心思用在做正确的事情上，做好自己分内该做的事情就行了。

在总结自己一生的功业时，稻盛和夫这样说道："自我开始创业以来已有40多年，这期间，我见识了各种人物的兴衰起落。从30年、40年这样的时段来观察，几乎所有的人都得到了与他们平日的行为和人生态度相一致的结果。

"从长远看，诚实的人、坚持行善积德的人不会总是倒霉，而懒散的人、不负责任的人也不会一直荣耀。

"确实，有人干了坏事却未见恶报，因为他运势尚佳或侥幸逃逸；有人做了好事却未见善报，因为他时运不济。但随着时间的推移，状况逐步修正，结果'种瓜得瓜，种豆得豆'，大家各得其所，进入他们应有的境遇。

"原因和结果之间，简直可用等号连接，原因和结果吻合的程度之高甚至可以用'可怕'两个字来形容。短期来说或许不尽然，从长期看，善因结善果，恶因招恶果，因果报应准确无误。"

稻盛和夫认为一个人的成功和失败，往往和自己平时的言行息息相关。一个人如果平时注重做好事，注重与人为善，那么他一定可以从周围获取正向的回馈。反过来说，如果他平时只注重做坏事，动不动就与人产生纷争，甚至为了私利而损害他人的利益，那么他最终也会遭到恶报。这就是稻盛和夫所谓的因果循环理念，在解释和践行这个理念时，他并没有像宗教修行那样，只是一味追求唯心意趣，而是融入了自己的人生经历和人生感悟。

比如，有一家名为"三田工业"的复印机厂商因为经营管理不善而陷入困境，不仅欠下巨额债务，发展也快速下滑，后来这家公司向京瓷公司求助，稻盛和夫在对其加以准确评估之后，同意收购了"三田工业"，并专门设立了"京瓷美达"，着手帮助对方开展重建工作。后来，"三田工业"的业绩得到显著提升，提前还清了欠下的巨额债务。之后，这家企业更是成为京瓷集团的重要支柱之一。而在重建过程中，一位担任过京瓷信息机器部部长的人起到了关键的作用，他当时担任"京瓷美达"的社长，全权负责重建工作，而他之前是一家新兴通信设备企业的车间主任，这家通信设备企业一度是业内的明星企业，产品热销国内外，可是随着行业整体进入下行通道，这家通信设备企业的业绩开始快速下滑，而这个时候，该公司向京瓷发出了救援请求，京瓷公司最终收购了它。

被收购公司的很多员工都受到了京瓷的救助，"京瓷美达"的社长就是被救助的对象之一。也正是这一次被救援的经历，让他对人生产生了更为深刻的理解，也产生了救助他人的想法。因此，在京瓷公司决定收购"三田工业"时，他就是支持者之一，并且担任要职，肩负起了并购后的管理任务。这种被救助和重用的经历让他感触良多："一个被救助的人，现在成了救助别人的人，我感悟到一种命运的轮回。当初感受到恩惠，如今通过重建京瓷美达的机会，得以回报，我感到由衷的喜悦。"

这一番话，让稻盛和夫也生发出颇多感慨，他意识到虽然短期的行为具有一定的偶然性，但是从长期来看，存在着较为明显的因果循环，只要个人的动机是好的，只要个人持守善心善行，只要个人真心为他人着想，那么在帮助别人之后，终有一天也会得到同样的回馈。在收购那家通信设备企业时，稻盛和夫曾遭到不少质疑和诽谤，很多被并购过来的员工对于京瓷公司的管理也极度不满，一些工会成员甚至提出了一些有意刁难的不合理要求。为了达到其目的，这些人还直接闯入稻盛和夫的家里大吵大闹，让稻盛和夫感到寒心和愤怒。可是随着企业管理制度的完善，随着员工对京瓷公司的了解越来越深，这些人对稻盛和夫的误解也渐渐消除，开始用努力工作来回报京瓷公司的援助。

在稻盛和夫看来，因果循环是一种天理，也是人力可以控制的。善心善行不会产生恶果，有善心的人，也一定能够获得一个美好的回馈。正因为如此，为了打造一个由善心善行推动的良性循环，稻盛和夫一直强调动机至善。不过，稻盛和夫也同样指出了一点，那就是行善的人不要总是想着快点见到善报，快点获取好的报答。因果循环也需要时间，人们没有必要因为一时不见效果而焦躁不安，甚至觉得没有必要继续行善。稻盛和夫借用了中国明代的作品《菜根谭》中的句子来证明他的说法："为善不见其益，如草里冬瓜，自应暗长。"意思是行善没有见到报答，就好比草丛里的冬瓜，即使人眼看不到，它照样茁壮成长。稻盛和夫认为，人们应该将行善当成一种习惯，无论在任何条件下都要坚持不懈地保持善心。

比如，稻盛和夫一直坚持利他主义的经营哲学，在与其他企业做生意的时候，他喜欢让利于人，喜欢站在对方的角度看问题，但很多企业和企业家不一定能够做到这一点。在利益面前，不少企业可能会违背道德和法律，会做出一些损人利己的事情。为了满足自身的发展需求和利益需求，有些企业或许会违反经营中的公平原则，会撕毁合同，会破坏对方的发展契机。在这些企业看来，自己的发展才是最重要的，别人的利益与自己无关。在面临诱惑时，很多人常常会产生诸如此类的自私自利的想法，而这些想法很容易影响到个人的行为，最终带来一些不好的结果。因此，稻盛和夫认为人们应该抵制诱惑，坚守初心，种善因，结善果。

大善似无情，小善乃大恶

企业家很多时候不得不面对不确定性，然后做出一些艰难决策，而这些决策，在短期内可能不会为员工甚至客户所理解，从而容易遭遇巨大的阻力。在这种情况下，许多制定决策的企业家可能就会选择妥协和退让，以免矛盾激化。但这么做，最终往往会因为迎合了员工暂时的利益和一些小需求，而导致企业陷入困境。相比之下，一些行事果断的企业家能够意识到这些艰难决策对企业和员工、客户的长远发展有益，他们会坚定自己的决策，要求所有人执行已经决定的方案。这样一来，虽然影响了员工和客户的一些小利益，可是由于执行非常到位，使得企业成功转型，奠定了一个光明的未来，结果反而是皆大欢喜。在通常情况下，当一家公司准备改革的时候，往往会遭遇到类似的情况，许多既得利益者并不甘心让出已经占有的资源，会想方设法阻挠改革的推进，面对这种情况，领导者要从大局出发,坚定地按照改革的既定规划执行,不要因为一时心软而错过改革的良机。

稻盛和夫经营企业多年,深谙这个道理,他坚持"大善似无情,小善乃大恶"的经营管理理念,认为管理者有时候要拿出管理的魄力,要按照既定的规则行事,强化自己的领导力和管理权限,推动内部工作的执行和落实。在大问题、大方向、大决策上,管理者必须坚守自己的原则,必须以公司的利益为主,不要为了维护员工的小利益而牺牲团队的整体利益。比如,开除那些不合格的员工,对不合理的制度进行改革,而不是担心得罪人或者担心影响某些人的利益而处处妥协。

在与人交往和教育孩子时也是这样,人们需要保持清醒的头脑,做事有决断力,凡事能从大局出发,必要的时候甚至能够拿出壮士断腕、刮骨疗毒的魄力,牺牲一部分人的利益,以确保长远利益和整体利益的安全和发展。这种做法,看似有些无情,但是长远来看对利益受损的一部分人或者整个团队来说都是有益的。反过来说,如果一个人处处顺从他人,为了他人的一点利益而放弃整体规划,最终反而会因为自己无原则的仁慈和妥协酿成大错。管理需要讲究人性化,但过分人性化并不是管理的合理模式,有时候严格的管控对企业、对个人的发展反而更有帮助,这才是真正的大善。

日本处于地震带上,基本上每年都会有大大小小的地震。有一年地震,日本受灾严重,社会各界人士纷纷给灾民捐款,可是向来喜欢行善的稻盛和夫却没有什么表示,很多人都感到不满,认为稻盛和夫徒有虚名,出了事就变得自私自利。

面对大家的质疑，稻盛和夫讲了一个故事：有个老人住在湖畔，每年冬天，都有一大批南飞过冬的野鹅在这里短暂停留，老人乐于与这些野鹅为伴。有一年冬天特别寒冷，结果两只野鹅不幸被困在湖泊中，无处觅食。善良的老人于是冒着严寒给两只野鹅喂食，帮助它们度过了危机。到了第二年，那两只野鹅重新飞回来，并且带来了不少同伴，老人很开心，继续喂养这些野鹅。一年又一年，野鹅越来越多，它们都知道老人会给它们喂食。然后某一天，老人去世了，再也没有人给这群野鹅喂食，结果野鹅全部饿死了。

在稻盛和夫看来，日本的地震很多，每年造成的灾难也很多，但很多时候，灾民是有能力进行重建的，也有能力渡过难关，可是随着外界源源不断的救助，不少灾民反而丧失了独立自主、自力更生的能力，对外来的援助产生了严重的依赖。稻盛和夫认为，这样的救助方式终有一天会摧毁他们。在稻盛和夫看来，那些捐助者貌似在行善，却在某种程度上严重摧毁了灾民原本具有的应对灾难的能力。

稻盛和夫一辈子都在追求至善，但他认为不计原则、不计代价地帮助他人、满足他人，只会让事情变得更加糟糕。

善可以分为几个不同的层次。第一层次的善是小善，它是指那些施舍他人的小恩小惠。这种善，虽然动机很纯，但可能会引发一些强烈的负面反应，因为那些能力弱的人，往往会对这些小恩小惠产生依赖心理，从而乱了自己原来的生活节奏。而那些施舍之人，为了满足自己帮助别人带来的快感，反而可能从一个大善人变成一个破坏他人能力的"坏人"。

第二层次的善是"授人以鱼，不如授人以渔"。这种善，主要强调的是帮助他人生存和发展，简单来说就是想办法推动对方成长，就像面对地震灾民一样，最重要的是给予他们更多的关爱和信心，为他们提供改善生活的平台，向他们传授生活的技能，给他们创造自我发展、自我发挥的机会，而不是单纯地给钱给物。

最高层次的善就是"大善似无情"，就像老子所说的那样"大仁不仁，大善不惠"。这种善行，就是通过成就自己来影响和引导他人。比如，企业家不应该总是想着把钱和物直接塞到灾民手中，而是应该在灾区创办企业，投资各个项目，并努力推动企业和项目的发展，带动更多灾民致富。这种善行，能够推动灾民的成长，真正培养起他们应对危机的能力以及乐观生活的态度。

在稻盛和夫看来，一个人想要行善，就要把握大善的行事原则，就要懂得从大局出发，从整体利益和长远效益出发，绝对不能因为一时的"小善"，而酿成"大恶"。所以，稻盛和夫在日常生活和工作中决不会轻易施舍自己的怜悯，他更乐于发自真心地帮助每一个人，包括自己的亲人、朋友、邻居、客户、员工。这种帮助，并不是一种单纯的物质满足，而是一种责任，一种大局观，一种真正的有原则的爱。真正的大善，应该是活出一个真实的、精彩的自我，做好自己真正应该去做的事。让身边的人真正获益，这才是最高层次的善良。

遇事不要卑怯和躲闪,坚守立场

英国著名哲学家约翰·洛克说过:"理性的人,应该有充分的果断和勇气,凡是应做的事,不因里面有危险而退缩。"遇事不退缩,几乎是人们做事的一个理想态度,但在现实生活中,想要做到这一点并不容易。首先,人们会遭遇到各种各样的困难,其中一些困难可能超出个人的能力范围;其次,人们或许会遇到一些意料之外的事,由于准备不充分,而遭受一定的冲击;最后,很多事情会造成人与人之间的冲突和矛盾,为了避免麻烦缠身,人们可能选择退缩。

当遭遇到一定的挑战和威胁时,人们也许会展示出卑怯的一面,也许会想到躲闪和退让,甚至直接改变自己的立场,以免卷入不必要的争端,可是对于试图实现个人理想和目标的人来说,轻易就表现出逃避和躲闪,可能会导致自己做事的决心和效率大打折扣,对个人的影响力与威望也会造成严重的损害。

稻盛和夫曾经强调，人们在遇到困难时，不要卑怯和躲闪，要懂得坚守自己的立场，即便自己将会遭遇巨大的压力，即便自己将会遭受很大的损失，也要迎难而上，坚守自己的信仰和理念。稻盛和夫曾经谈到外来势力对企业经营的干预，比如很多企业家在日本购买工厂用地时，可能会遭遇一些黑社会性质的社会组织和暴力团体的干预，诸如上门找麻烦一类的恶意添堵。许多经营者在面对这些危机时，为了息事宁人，可能会放弃自己一贯以来坚守的原则，不再把"企业经营，何谓正确"的理念放在第一位，而选择迎合对方的不合理要求，苟且求生。结果是，原本很简单的事情，最后变得异常复杂，棘手难解。

在创办企业时，稻盛和夫也遇到过类似的情况，但他每一次都会反省自己。在稻盛和夫看来，这类情况就是一次次的考验，考验经营者是否真正有勇气，是否能够做出合理的判断，在受到中伤、威胁、损害的情况下，是否能够依然坚守立场、坦然面对，做出最有利于企业的决策。稻盛和夫认为，如果经营者胆怯、退让，那么这件事就会立刻在员工当中传开，当员工看到经营者如此不堪时，就会丧失对经营者的信任。而更加严重的是，整个团队开始上行下效，遇到阻力就随意改变立场和原则，只知道一味退让和妥协，而这对整个企业的执行系统和企业文化来说，必定会造成毁灭性的打击。

稻盛和夫认为，一个优秀的经营者应该具备胆识，而胆识就是个人的见识加胆力。所谓胆力，是指个人做事的信心、勇气和魄力，而见识是对知识的本质真正理解后内心产生的一种坚定的信念，它是成为优秀经营者的先决条件。一个人只有拥有坚定的信念和强大的勇气，才敢于面对一切障碍并做出正确的判断。

多年来，稻盛和夫经历了多重挫折和打击，即便是引以为傲的两家世界500强公司，在经营管理的过程中也遭遇了难以想象的压力和困难，但每一次稻盛和夫都用实际行动证明人不应该成为环境的奴隶，证明了坚守立场的重要性和必要性。他知道有些人在追求目标时，常常会因为当时的社会条件或经济因素不达标，而直接选择放弃自己的追求。如果一个人坚定自己的立场和目标，义无反顾地按照原定计划去执行，全力以赴做好一件事，那么所有人都会为他做出让步，没有什么困难可以动摇他继续前进的决心，没有什么诱惑可以扰乱他前进的脚步。稻盛和夫认为，只有做到心无旁骛，一心追赶目标，才能获得最终的成功。

除此之外，稻盛和夫也懂得如何进行自我调节。在面对一些难以解决的问题时，为了减轻压力带来的伤害，稻盛和夫会选择各种方式做出调节，避免自身的情绪受到影响。比如在进入松风工业的时候，由于公司濒临倒闭，经常发不出工资，很多职员开始罢工，但是稻盛和夫每一次都不会跟着一起罢工，而是认真工作，因为他觉得罢工解决不了根本问题，工人一样拿不到工资，情况只会越来越坏，与其火上浇油，还不如安安心心工作，更何况他还有自己的研究目标。可他这样做，引起了同事的不满，他们觉得稻盛和夫是工贼，是工人群体中的内奸，肯定是收受了公司领导的好处，成了公司领导的走狗。面对大家的不理解和疏远带来的重重压力，稻盛和夫深感孤独和落寞，常以怀念家乡的点点滴滴来排遣内心的苦闷。

在后来提起这段经历时，稻盛和夫这样说道："正好公司宿舍的旁边有一条小河，深夜我就坐在河边，朝着故乡的方向唱一首叫《故乡》的童谣，用歌声来安慰自己。宿舍里的老员工们经常在深夜听到我的歌声，第二天去公司做研究的时候他们就会问我'昨天晚上是不是哭了'，我否认说'没哭'，他们就会笑我说'怎么没哭？我们听到了《故乡》这首歌'。一想起故乡，想起父母的容颜，想起弟妹们也在家乡努力工作，我就又有了勇气，第二天继续努力做研究。"

稻盛和夫认为人生总是充满各种苦难和压力，在面对压力的时候，坚守初心和站稳立场是为人处世的一个最基本的行为准则。但与此同时，他也建议人们要想好应对和排遣压力的方法，寻求自我调节和解脱之道，确保自己尽量少受伤害，同时更加坚定地忠诚于自己的理想和原则。

维护纪律，强化内部管理

稻盛和夫是一个非常和善的人，但这并不意味着他会在管理上有所放松。相反，他一直实行的是胡萝卜加大棒的管理策略，一方面给予员工更多的物质奖励和精神激励，另一方面同步加强内部的纪律，坚决维护管理者的权威。

比如，在接手日航时，稻盛和夫专门做了调查，结果发现日航之所以陷入绝境，很大一部分原因就是管理不善，内部的纪律非常散漫，根本毫无章法可循。因此，他上台的第一件事就是要重塑风气。有一件事情可以很好地体现出他的管理风格，那就是公章管理。早在京瓷公司，稻盛和夫就制定了一条严格的规定：公章任何时候不能出他的房间一步，盖章时需要秘书开门，而且盖章必须经过5~20道审批程序；在他的房间里有一个很大的保险柜，保险柜的钥匙由某部门的专人掌管；存放公章的保险箱就放在保险柜里，而保险箱的钥匙在另外一个部门的员工手里；盖章时，除了正常的多道审批程序之外，还必须通过秘书、保险柜钥匙持有者以及保险箱钥匙持有者这三个人的协助，才能拿出公章。

一开始，员工都对这种公章管理模式感到不满，认为稻盛和夫不尊重他们，将所有人当成盗窃贼来看待。对此，稻盛和夫非常严肃而诚恳地解释道："别这么说，我通人性。一秒钟之内人可能有1000个念头，其中999个是正向的，就有那么一个是负向的，碰到那一个瞬间，好人就可能变成了坏人。偏偏这时有一个至交的公司需要盖个章，你以为不是多大的事就盖了。出了事这不是你不好，是我这个当家人没有保护好你！严格的规章制度，是公司一道保护员工的网。我爱你们每一个人，我不愿意你们任何一个人出事。你们出了事，都是我的责任！"这个时候，大家才醒悟过来，意识到纪律的重要性。

在接手日航时，稻盛和夫将这种严格的公章管理制度直接引进了日航，并很快在日航内部立起了一道弘扬正气的保护网，使内部的管理效能和工作节奏得以步入正轨。

多年来，稻盛和夫一直强调"以心为本"的经营理念。在他看来，人心通常是最脆弱也最可靠的，而由于人心的脆弱，人们需要相应的制度来规范个体行为，避免员工因为一念之差犯下大错。可以说，强化纪律的本质上并不是认定"人性本恶"，也不是防范员工做坏事，而是为了保护员工在面临诱惑时的软弱，使他们能够靠着纪律的强大力量战胜诱惑的花拳绣腿，同时也让员工无论干什么都有章可循、有据可依，知道什么能做，什么不能做，不至于瞎忙一气，像无头的苍蝇一样乱飞乱撞。

不仅仅是公章问题，在内部的财务计算和审核上，稻盛和夫也始终推行严格的双重确认原则，开票的人和管钱的人必须分开，现金数额和发票数额必须保持一致。在具体的执行过程中，制度是重要的保障，是确保个人不会因为私心而偏离主航道和原则的重要法宝，因此，强化制度和纪律的约束性是十分必要的。

制度和纪律往往代表了团体的一种精神状态，更是领导权威和意志的集中体现。在一家公司里，领导者的权威是绝对不能受到挑战的，因为这是掌控、领导和管理一家公司的基本保障。如果企业家缺乏权威性，员工可以按照自己的想法随意提要求，可以按照自己的意愿恣肆妄为，那么最终的结果必然是整个公司变成一盘散沙。

在创业之初，京瓷公司只是一家只有15平方米的小店面，公司的资本金不过600万日元，正式员工和临时工各一名。为了给企业种下行稳致远的基因，稻盛和夫制定了14条最基本的创业理念。后来，随着公司的进一步扩张和发展，人数开始激增，公司的产业规模也变得越来越大。这个时候，稻盛和夫发现，公司开始遭遇某种巨大的阻碍，最典型的就是：每年的5月，公司会制定公司下一年度的经营方针，稻盛和夫会决定企业发展的基本方向，各部门制定相关的业务目标，可是每次开会之后，便有很多员工提交辞呈。

稻盛和夫曾一度打算终止制定公司年度经营方针的做法，因为公司的很多员工对他充满了质疑和猜忌。大家会后提交辞呈的做法，无非是想通过这种方式逼宫，试图让稻盛和夫在经营路线方针上做出妥协和退让。稻盛和夫经过慎重考量，拒绝做出让步，他知道一旦自己为此而妥协，自己将来定然会失去威信，公司的纪律也将不复存在，而员工们一旦尝到了破坏制度的甜头，做事定然会以私利为导向。因此，稻盛和夫下定决心，告诉所有员工，如果对公司的方针和制度不认同，大可选择离职。事实证明他的决定是正确的，虽然偶有员工离开，但在稻盛和夫的坚持和倡导下，绝大多数员工逐渐意识到了公司的方针和制度有其不可取代的重要性与合理性，此后，公司开完年度经营会，也就不再有人提交辞呈，以此恶意要挟公司了。

　　为了确保内部的正常运转，强化管理是有必要的，领导者需要展示出自己的控制力，严格规范员工的行为。稻盛和夫曾经多次表示，管理就是要重纪律。不过，由于信奉"以心为本"的经营理念，稻盛和夫在强调纪律的同时，也常常使用奖赏的方式来激励员工，展示出人性化的一面，让员工明白：他稻盛和夫也懂得关怀员工，也懂得尊重和满足员工在物质上和精神上的基本诉求。在稻盛和夫看来，只有这样软硬两手兼用，才能推动企业向前发展，才能在企业的内部建立起精神上和情感上的互信，把企业打造成一个同心同德同打拼的命运共同体。

　　稻盛和夫曾多次表示，领导所要做的最重要的事情，并不是发布命令或指示，而是发扬一种精神状态，以感召员工自觉自愿地努力工作。在大公司里更是这样，领导人不可能亲临每一个现场，但其经营理念可以传递给每一个人。这里的经营理念，包括个人的人格魅力、企业文化和制度。只有多管齐下，一以贯之，公司所建立起来的强大纪律才会有章有法地到达每一个角落，影响到每一个人。

第五章

以道德为基础的人格教育刻不容缓

要走人应该走的正道,这简直像小学里的道德说教——有人或许会嘲笑。但是,正因为大人并不遵守小学生也懂得的起码的道德,今天这个社会的价值观才会如此混乱动摇,人性才会如此扭曲荒废。

——稻盛和夫

做人要真诚,不要使用阴谋诡计

稻盛和夫在创办京瓷公司的时候,公司的运营并不乐观,这让很多员工对公司的发展丧失了信心。某一天,公司内部的11名老员工突然跑到稻盛和夫的办公室,然后取出自制的血书要求加工资,并且要求公司每年都得涨工资。如果稻盛和夫不同意,他们便集体辞职!

对于一家运营很久的公司来说,老员工如果觉得薪资和能力、业绩不匹配,是可以提出加薪要求的,但对于京瓷这种初创企业来说,一切都还在起步阶段,而且发展还不是很好,按道理来说,员工也不应该在这个时候提出加工资的请求。如果是一般的管理者,大概率会将这几名员工开除了事,或者干脆说漂亮话,给员工开一张空头支票,先将眼前的纠纷和危机应付过去。

不过,稻盛和夫并没有选择以上两种做法。他先是和11名员工展开了一次长达几个小时的谈判，由于这些员工打定主意必须涨工资，否则撂挑子不干，双方并没有达成一致。于是，稻盛和夫又邀请他们去家里进行了推心置腹的谈话。稻盛和夫的观点很直接，那就是希望所有人能够和公司一同成长，只要公司发展起来，加薪的事情是自然而然的。他表态，自己不想随便用一些空头的承诺来迷惑员工，因为这是对所有奋斗者不负责任的做法，公司目前要做的，就是努力发展业务，提升自身的实力。

最终，稻盛和夫花了三天时间说服了其中的10名老员工，仅剩下1名无论如何也不肯妥协。面对对方顽固不化的表态，稻盛和夫直接说道："如果我背叛了你，你就拿刀子捅了我！"稻盛和夫把话说到这个地步，这名员工终于被他的诚意打动，当场表态以后京瓷公司就是自己的家，他会努力为之付出，做出自己的贡献。

这件事情过去之后，稻盛和夫感慨万千，意识到自己必须改变原来的心智模式，不能仅仅将经营公司当成实现个人价值、理想和目标的途径，而应该将公司的经营与员工的幸福、利益捆绑在一起。在他看来，一个企业家不应该为了实现个人的抱负而要求员工无条件奉献自己的一生，而应该将公司的发展目标转化成为全体员工都能够接受的目标，将员工未来的发展和幸福直接纳入公司的发展目标体系中去。这种思维的转变，使得稻盛和夫的经营管理理念实现了质的飞跃，并最终带领团队取得了成功。

在后来的经营管理中，稻盛和夫一直忠实地践行自己的管理理念，始终将员工的福祉放在重要的位置上，在实现企业发展目标的同时，注重满足员工对幸福生活的需求。即便是在企业发展最困难的时期，稻盛和夫也没有像其他企业那样大量裁员，而是将所有员工保留下来，不惜代价地兑现企业对员工的承诺。正是靠着真诚待人、信守承诺的人生理念，稻盛和夫成功打造了一个和谐的工作环境，在企业的发展和员工的幸福之间实现了完美的平衡。

很多企业为了实现自己的利益，会想办法欺骗自己的员工，给员工做出很多承诺，可是当员工帮助公司实现目标后，这些企业便翻脸不认人，想方设法抵赖。这样做，无疑严重损害了企业的名声，也损害了员工对企业的信任。还有一些企业家，使用阴谋诡计欺骗客户，欺骗自己的合作伙伴，完全不计后果。要知道，凭欺蒙瞒骗是难以长久地赢得他人信任的。人在做，天在看，阴谋诡计终有被识破的时刻。到时，客户与合作伙伴定会终止与企业的合作，甚至将企业家本人告上法庭，使企业的品牌形象也因此受到严重的打击。在稻盛和夫看来，人具有一种天然的吸引力，当一个人吸引更多的坏人时，往往是因为自己拥有一颗做坏事的心。同理，当一个人心怀恶念的时候，也会吸引更多的坏人靠近；那些不诚实的人所遇到的，往往也是一些不诚实的人；那些喜欢使用阴谋诡计害人的人，往往也会遭到其他喜欢使用阴谋诡计之人的陷害。所以，一个人如果想要打造更加安全的生活环境，想要与他人建立更良性的社会关系，那么就要保持诚实守信的良好品行，避免在生活和工作中失信于人，杜绝利用他人的信任耍阴谋诡计牟取私利的短视行为。

稻盛和夫认为，真诚作为一种美德，不仅仅在于待人真诚，信守承诺，还在于对自己的工作要真诚，能够诚实面对自己的工作和事业，真诚地投入，真诚地付出。稻盛和夫认为，诚实应该是一种做人做事的基本态度，应该是发自内心的一种真实表现。真诚的人，定然会在生活和工作中真心付出，而诚实的努力定然会带来丰厚的回报。

在回忆自己的成长历程时，稻盛和夫这样说道："我年轻时日本社会还很贫困，当时我认为人生在世最重要的，而且我努力去做的是'诚实'二字。对人生对工作，尽可能做到诚实。不马虎，不偷懒，拼命地工作，认真地生活。我认为，这对经历过贫苦时代的日本人来说并不稀奇，这是融入当时日本人血肉的一个特征，也是一种美德。

"不久，日本经济起飞，社会变得富足、安定，京瓷的经营也上了轨道，规模扩大。这时'感谢'在我心中占的位置越来越大。诚实的努力带来了丰厚的回报，此时，'感谢'之情在我心中油然而生。这种体验反复多次以后，'感谢之心'在我身上成形，成为我生活中始终贯彻的道德准则之一。"

稻盛和夫以自己的经历来告诫所有人，无论是对生活，还是对工作，都要保持诚实。在他看来，诚实的人往往能将工作做好，往往会有一颗感恩的心去面对社会，他们的人生之路也定然会走得更加顺畅。

谦卑的态度，是个人获得成功的基本保障

2010年，稻盛和夫接任日航会长一职时，邀请大田先生做自己的秘书。大田先生曾经与稻盛和夫有过合作的经验，对稻盛和夫的思维方式非常了解，是非常理想的帮手。正式接手日航之后，稻盛和夫首先着手解决日航的风气问题，因为他知道日航曾是一家官办企业，内部的官僚气息非常浓烈，这也是导致日航陷入困境的一个重要原因。稻盛和夫觉得，拯救日航的第一步就是要着手内部改革，发起整风运动，消灭内部的官僚主义。

在改革中，稻盛和夫并没有给出具体的管理方法，也没有具体的措施，只是强调了思想改革。当时，他提出了一个基本的原则，那就是要求所有人做到一体同心，不要有过多的私心，不要总是觉得自己与众不同，更不能搞特殊，任何人都必须保持良好的工作状态，都要坚信一点——结

果=思维方式×热情×能力，这也是稻盛和夫积极倡导的一个哲学公式。

早在稻盛和夫邀请大田先生做他秘书的时候，大田曾经这样对稻盛和夫说："因为您是技术天才，才会有这样的结果。"原本大田说的是一句恭维话，没想到谦卑的稻盛和夫听了直接火冒三丈，怒斥道："我根本不是什么天才，我只是相信自己的可能性，拼死努力才获得了成功。不管是谁，只要付出与我相同的努力也能够成功。我跟你说了多少次，你怎么还不明白呢？"

正是因为两人之间有过这一次不成功的交流，让大田对稻盛和夫产生了更大的敬意。在大田看来，很少有企业家像稻盛和夫一样低调谦虚，所以大田之后严格贯彻稻盛和夫的哲学公式，以此推进日航的整风运动。公司会采取定期培训和自由交流的方式，在日航上下贯彻稻盛和夫的哲学，确保所有人都可以做到一体同心，思想得到提升。

稻盛和夫认为，自己并不是独一无二、不可取代的，只要别人肯专注、肯努力，一样能够获得和自己同等的成功。多年来，稻盛和夫一直推进一体同心的管理理念，希望所有人都和自己一样出色。他认为，自己的一切成就并不是因为技术更加出众，也不是因为所谓的天赋，在他看来，所有人都是同等聪明的，只要人们也像他那样努力，就可以取得绝不逊色于他的非凡成就。

不过，想要达到稻盛和夫的境界并不容易。比如，说到自谦，也许有些人会感到没有面子，尤其是那些建功立业的人，难免会觉得自己好不容易取得了成功，有理由、有资格进行炫耀，充分展示自己的能力和价值。

但事实是，一个人越是感到没面子，越是缺少内涵，越是需要借助自吹自擂来满足自己的显示欲。有时，自谦的人会被认为是傻瓜，殊不知那些觉得自谦的人是傻瓜的人才是真正的傻瓜。

稻盛和夫曾经非常不客气地批评过社会上一些高傲自满的现象："中小企业的经营者，如果稍微有点盈利就沾沾自喜，不知天高地厚，长此以往，他们的企业就得不到进一步的发展。如果失去谦虚之心，傲慢起来，那么靠神灵的保佑好不容易才提升的收益，获得发展的公司，也会转眼间就出现赤字，面临破产。"

稻盛和夫见过很多类似的企业家，随着大环境的变化，谦虚精神日趋淡薄，越来越倾向于把才能私有化，尤其是那些身居要职，理应成为众人楷模的领导人，在这一方面表现得尤为过分。要知道，他们也曾具备优秀的品质，也曾打造过良好的健康的企业文化，带领团队一步步获得成功，可是在成功之后他们却变节了，所行之事也变了味，导致原有的组织规范、伦理道德废弛，违规违法的丑闻更是层出不穷。这些变节者，将好好的企业带入死局，最终都不会有好下场。

稻盛和夫在其成长过程中也经历过类似的挣扎和变化。比如，在先后创办京瓷公司和KDDI之后，稻盛和夫的个人声誉达到了一个顶峰，这时，很多人开始称赞他的丰功伟业，聚会时奉他为上宾，让他坐上席，还要他致辞介绍经营管理的经验。尽管稻盛和夫一再强调自己只是做了很普通的事情，但长久以来的吹捧还是让他有些飘飘然，有时仍不免自我陶醉，在心底冒出自满情绪。他甚至一度冒出这样的想法："我那样拼死努力，业绩如此辉煌夺目，接受这样的礼遇不是理所当然的吗？"有趣的是，稻盛和夫坦言即便自己后来出家，也常常会产生这种骄傲的情绪。

好在稻盛和夫的内心总有一个理性的声音在不断进行自我告诫："这样的自得自满情绪绝对要不得！"对于自己获得的成就，稻盛和夫始终保持非常清醒的认知："不管具备多么卓越的才能，不管这种才能孕育了多么巨大的成果，所有这一切属于我，却不归我所有。才能和功劳不可独占、不可私有，而应用于为世人、为社会谋福利。换言之，自己的才能为'公'所用是第一位，为'私'所用是第二位。这是谦虚这一美德的本质所在。"

稻盛和夫认为，领导人应该具备的人格素质中最重要的就是谦虚。一个人越有才能，就应该表现得越谦虚和正直。换句话说，就是不要把个人看得过重，不要执着于追求个人利益。优秀的领导人，本来就该大公无私，把个人利益暂且搁置在一旁，集中精力思考集团的幸福是什么，谦卑地倾听其他人的建议和意见，不给自己搞特殊，保持一个低姿态为全体成员谋幸福，并为此而采取积极的行动。

坚持节俭的生活风格，量入为出

在京瓷创立之时，由于条件艰苦、资金缺乏，稻盛和夫一直强调所有人必须保持节俭的工作方式，任何不必要的开支都要排除，任何人都要尽可能减少自身的开支。可是，当京瓷公司已经成长为一家销售额达到8000亿日元，销售利润突破800亿日元的跨国公司时，不少人的心态起了变化，认为稻盛和夫的节俭理念过时了，按照京瓷公司如今的实力，多一点开支多一点享受也无可厚非，继续坚持最初的那一套以节俭为宗旨的管理体系没有必要了。但稻盛和夫并不赞成大家的这一新看法，他认为一个人的成功和自身的思维方式是息息相关的，有了点成绩就想躺在功劳簿上享受既有成果的消费思维，是一种错误的、负面的思维方式。一旦我们任凭自己的人生受这种负面思维方式的左右，我们必将离成功越来越远。

在创业时，很多企业家都懂得保持勤俭节约的好习惯，可是随着企业的发展，个人也积累了大量的财富，这个时候，有的人便往往会放松对自己的管控，思想趋于腐化，认为家大业大的，再像创业之初那样小里小气，恨不得一分钱掰作两半用，便贻笑大方了，开始喜欢起奢侈消费，并乐此不疲。这种不知不觉的转变，往往是个人的思维方式发生了变化，最终导致个人行为严重偏离了勤俭节约的初心。受企业家的影响，原本谨身节用的企业员工也会有样学样，毫不心疼企业的公共资源，肆意浪费水电和纸张，出差时也把公为私用视作理所当然，趁着可以报销差旅费的时候，故意虚报相应的住宿费用和饮食费用。更有甚者，借用出差之机，动用差旅费给家人买礼物。稻盛和夫认为，当一个企业家缺乏节俭意识时，整个公司也会效法企业家，不把铺张浪费当一回事，而大量的浪费日积月累，定然会增加企业的成本开支，甚至阻碍企业的进步和发展。由于这类现象非常普遍，稻盛和夫一直引以为戒，不断提醒包括自己在内的全体成员务必严格贯彻勤俭节约的经营管理理念。在内部会议上，他不止一次做出强调：

"公司效益比较好的时候，我们往往容易放松对经费的控制，觉得花点钱无所谓，不必那么小里小气的。这样一来，各部门浪费的经费积累起来，就会极大地损害整个公司的利益。

"一旦养成了这种自我放松的习惯，当经济形势严峻时，即使想要重新紧缩经费，也很难恢复到原来的状态。因此，无论在什么情况下，我们都必须注意节俭。可以说，把经费支出控制到最小限度，这是我们参与经营的最直接的方式。"

稻盛和夫认为，企业不可能一直维持高速发展的状态，当企业经营出现问题，业绩下滑，甚至出现负债时，再想着节约就来不及了，长久以来养成的消费习惯必然会加剧企业的负担，甚至直接将企业推向绝境。因此，稻盛和夫一直主张企业得从一开始就打造勤俭节约的企业文化，让每一个员工都养成勤俭节约的良好习惯，合理运用每一分钱，尽可能降低企业的经营成本。

当然，养成勤俭节约的好习惯，需要在日常生活中就注意消费的合理有度，抑制任何超前消费行为，拒绝铺张浪费和奢侈消费。作为两家世界500强企业的创始人，稻盛和夫在工作中非常注意成本控制，在日常生活中也是尽量做到勤俭持家，绝对不胡乱花钱。

每次出差在外，稻盛和夫都是自己独自用餐，而且他不喜欢去宾馆进餐，因为去宾馆进餐意味着他每一餐将会花费几千到一万日元。按照他的工资和财力，这点开销根本算不得什么，但是他认为这样的消费模式会让人堕落，假以时日，个人就会养成奢侈消费的恶习。稻盛和夫非常厌恶那些每天晚上都必须跑到外面去大手大脚花钱享受的人。那些人为什么对金钱如此漠视？稻盛和夫百思不得其解。

每周的休息日，稻盛和夫都会耐心地陪着妻子一起去超市大采购，这是稻盛和夫为数不多的可以"挥霍一次"的机会。在购物的时候，他一般会推着购物车跟在妻子后面，然后迫不及待地进行指导，"买这个吧""买那个吧"，然后直接将各种食品往车里放。每一次，妻子都会抱怨东西买得太多了，她认为稻盛和夫平时很少在家，一回家就买这么多东西，根本就吃不完，用不完。

稻盛和夫每次都是硬着头皮购物，这种受虐的快感令他非常享受。但实际上，每次他想要真正地奢侈一回时，发现购物的花费一共只有区区1500日元左右。稻盛和夫认为，自己可能天性就是喜欢节约，每次购物都决不会买太贵的东西。

他曾谈到一件趣事：平时他喜欢去饭馆吃牛肉饭，不过自己一个人去的话有些难为情，因此常常叫上司机，两个人会点两碗普通量的牛肉饭，再加一碟牛肉。两个人每次都吃得很尽兴，对稻盛和夫而言，吃牛肉饭再加上一碟牛肉，这已经是非常奢侈的饮食了。

这种节俭的品质或许和他小时候的生活经历有关，加之受到了母亲勤俭持家美德的影响，使得他终其一生都不喜欢乱花钱。在他创业之后，他一直都在思考如何控制成本，争取以最小的成本获取最大的收益，并将勤俭节约打造成了一种企业文化。在他看来，"以节俭为本"的思维方式不仅是中小企业及微型企业成长发展的先决条件，也是大企业保持基业长青的必要前提。

勤俭节约是中国的传统美德，稻盛和夫在培养这个习惯时，或许也受到了中国传统美德的影响，比如，稻盛和夫在寺庙礼佛修行时，经常说的一句话是"起身半张席，躺下一张席"，这与中国的"广厦千间，夜眠七尺"同理。在稻盛和夫看来，身外之物不需要索求太多，因此也没有必要有太大太多的消耗。

稻盛和夫不喜欢享受，而且认为享受只会摧毁个人持续奋斗的心智，因此，他建议所有人都要保持俭朴的本色，给自己的人生增添更多的筹码。

众人平等，不要有区别心

中国明朝的哲学家吕坤的著作《呻吟语》中曾经提到"聪明才干只是第三等的资质"，对这句话，稻盛和夫推崇备至，经常在不同场合借题发挥：头脑聪明，又有才华，辩才无碍，在领导者才能中，并非最优先、最重要的，在他看来，第一等的资质应该是"深沉厚重、公平无私"。换句话说，世上最优秀的人应该是经常考虑得很深远、行事慎重、性格厚重，而且处事公平无私的人。

公平无私是稻盛和夫非常看重的领导特质，他认为众生平等，因此在待人时一定不要有分别心，不要把人分成三六九等，要真诚地对待每一个人，平等地看待每一个人。在与员工相处的过程中，稻盛和夫既强调运用制度进行管理，避免内部管理出现松弛懈怠的状态，同时也非常注重与员工的平等交流，始终坚持以平易近人的态度与人打交道。在非工作场合，稻盛和夫尤其重视彼此之间的和谐与互动，经常提醒自己和大家不要被工作中的上下级关系所束缚。

比如，在很多人的意识中，那些跨国公司的内部管理应该比较严格，员工看上去也应该比较严肃，但令人诧异的是，京瓷公司的酒文化非常浓厚，公司内部无论是领导，还是普通职工，都非常喜欢喝酒。对此，稻盛和夫不仅不加阻止，而且经常亲自挂帅，举办一些喝酒聚餐的活动，并将这些活动誉为"空巴"。

如果对日本人的生活方式，尤其是上班族的生活方式加以分析，我们就会发现，很多日本上班族下班后都喜欢去酒馆喝上几杯，借以排遣工作压力，放松身心。稻盛和夫认为，如果大家一起喝酒的话，不仅可以达到集体放松的效果，还能在工作之余联络感情，增强彼此之间的信任。举办"空巴"活动，稻盛和夫也有自己的独特想法。他一直希望自己的经营理念和工作理念可以被更多的人接受，希望公司里的人都能认同自己的哲学体系，从而向他看齐，和他同心协力把企业的工作干好，而这样的聚餐活动，可以拉近彼此距离，为双方达成共识创造契机。

因此，下班之后，他经常会带着员工一起下馆子喝酒，在烟火气十足的狭小空间里，一伙人热热闹闹并排坐着，大家肩膀碰着肩膀，膝盖碰着膝盖，一起喝酒、涮火锅，有一搭没一搭地谈论各自的生活和理想。这时，稻盛和夫总是鼓励大家畅所欲言，提醒大家不要拘束，将公司里上下级的权力区分和等级观念带到酒馆里："离开工作场合，大家就不要有上下等级的分别；上了酒桌，就应该相互推杯换盏。"聚餐多次之后，员工们对稻盛和夫的为人越来越了解，对于他推行的理念也越来越熟稔，慢慢地，也就自觉自愿地接受了他的一整套哲学体系。

稻盛和夫一直希望自己的理念被更多的人理解和接受，希望团队成员都可以按照自己的理念去工作，但在教育问题上，稻盛和夫向来不拘一格，从来不会依靠自己的权力和地位强行灌输。在他看来，每个人都是平等的，强行要求他人接受自己的理念，只会让自己遭遇严重的信任危机。

在谈到企业经营时，稻盛和夫曾经这样说道："把经营者与员工之间的关系，以及员工彼此之间的关系，看成互相合作的伙伴关系，也就是志同道合的同志关系，这同'以心为本的经营''大家族主义的经营'一样，是我在创业初期对经营缺乏自信的时候提出来的。我认为企业里的人际关系，应是彼此相互理解、融洽自然的同志关系，不是经营者和员工这种上下的纵向关系，而是朝着一个共同目标，为了实现共同理想的同志关系，是平等的合作伙伴之间的横向关系。如果是经营者和员工、资本家和工人、命令者和执行者那种上下级关系，企业肯定搞不好。因为员工缺乏主人翁意识，只要机械地执行上级指示就行。那么，一旦上级指示错误，整个企业就会走错方向。

"因此，我要求全体员工都持有企业股份，大家都是股东，都是企业的主人，是对等的合作伙伴，是有共同志向的同志。'大家都是企业的股东，作为股东，同时作为共同经营的伙伴，让我们同心协力、拼命努力吧。'"

稻盛和夫还谈到了二代企业家的问题，当企业家将自己的产业交给自己的下一代时，新一代的管理者往往会面临员工忠诚度不足的问题，原因在于很多新一代的管理者并不懂得和员工分享公司发展的红利，只是将员工当成替自己打工的人，当成为自己挣钱的工具。这个时候，员工自然会对整个公司的运营体系产生疏离感，进而丧失继续努力工作的动力，尤其是当第二代接班人完全接管企业之后，不少员工便会消极怠工，因为他们意识到自己的角色不过是为这个家族一辈子做嫁衣，所以他们不希望自己继续为这个家族效力。

要解决这个问题，关键在于公司是否尊重员工，是否愿意与员工分享企业发展的红利，是否将员工真正当成和自己同等重要的团队成员，如果企业家和管理者有平等待人的想法，就应该懂得分享自己的股份。稻盛和夫一直主张平等待人、公平分配，他是这样说的，更是这样做的。在经营管理公司的时候，他会直接将股份分给员工。他的这种做法，影响了一大批企业，比如华为公司就一直坚持"工者有其股"的全员持股模式，而任正非也正是依靠这种制度安排赢得了员工的信任和爱戴。没有这样的制度安排，很难想象华为公司能够一路披荆斩棘，战胜他国的无端打压，最终成长为享誉全球的通信设备巨头。

从某种意义上来说，稻盛和夫是少有的真正愿意无差别对待员工的企业家。比如，1972年，京瓷公司曾打出一个宣传口号："月销量达到10亿日元就去夏威夷！"许多人担心无法完成任务，毕竟在1971年，京瓷公司的月销量只有五六亿日元，这无疑是一个很大的挑战。

很多人当时便问稻盛和夫有没有二等奖，稻盛和夫直接向员工许诺，如果达到9亿日元，京瓷全体员工就到香港旅游。结果，京瓷公司在1972年的销售量达到了9.7亿日元，稻盛和夫信守承诺，带领1300名员工一起去香港旅游。当时，很多人觉得稻盛和夫的做法非常不可思议：公司里的正式工有资格去旅游，可为什么打扫卫生的大婶也可以享受到旅游的福利呢？对此，稻盛和夫的回答是：整个公司是一个整体，对打扫卫生者也应该一视同仁。

这么多年来，稻盛和夫一直主张平等和博爱，无差别地对待身边人，尽量给予他们更多的回报，为他们的生活提供便利和帮助。也正是因为这样，他才能够赢得更多的支持和信任，他的理念才会更具说服力、传播力和影响力。

每天都要坚持自我反省

英国思想家詹姆斯·艾伦在《原因与结果的法则》中谈到了自我反省的道理："人的心灵像庭院，这庭院既可理智地耕耘，也可放任它荒芜。无论是耕耘还是荒芜，庭院都不会空白。如果自己的庭院里没有播种美丽的花草，那么无数杂草的种子必将飞落，茂盛的杂草将占满你的庭院。出色的园艺师会翻耕庭院，除去杂草，播种美丽的花草，不断培育。如果想要一个美好的人生，我们就要翻耕自己心灵的庭院，将不纯的思想一扫而光，然后栽上清纯的、正确的思想，并将它培育下去。"

稻盛和夫一直都记着这段话，并且多次在演说中借用。他认为现在的年轻人应当每天都进行自我反省，去除内心的杂草，净化自己的道德，播下更加善良的种子和积极乐观的思想。比如，稻盛和夫一直强调人一定要具备善心，要拥有爱人之心，但"如何才能让心中充满爱"是一个大问题，稻盛和夫自认为也很难做到这一点，但是必须产生"希望做到"的强烈念想，并努力提升自己的心性，美化自己的心灵，最简单、最直接的方法就是不断反省自己。反省是努力的前提，只有善于反省、主动反省，才能够不断推动自己努力去做得更好，才能让自己积累善心，培养善念。

心理学家曾提出"元认知"的概念。所谓元认知，本质上是一种自我审视的能力，它强调人们要对自己思维活动、学习活动进行认知和监控。简单来说，就是弄清楚自己是谁，擅长做什么，应该做什么，具体需要怎么做，以及在做事时对自身情绪的审核，对自身执行计划的审核、监控与修正。

元认知就是一种自我反省的能力，当人们做错事情的时候，可以借助元认知来自省，找出问题所在并加以纠正。在这个过程中，人们可以对自身的行为进行复盘，在头脑中将相关的事情重新演练一遍，看看自己的情绪是否失控、自己在哪个环节犯了错，以及哪个地方可以做进一步的完善。

据说，稻盛和夫每天早上起来都会对着盥洗室镜子进行自我反省，他会将过去一天所做的事情在头脑中像电影一样回放一遍，看看自己昨天是否有什么不当的言论，是否有过傲慢的表现和情绪上的失控，是否犯了不该犯的错。如果发现自己确有不当之处，他会虔诚地对着镜子说，"老天，对不起"，"很抱歉，我对我的错误和行为道歉"。这个自我反省的习惯，他整整坚持了几十年，而且每天早上起来，家人只要看到他走进盥洗室，就会自觉地离开，避免打扰到他，这已经成了整个家庭的一种仪式。

许多人可能会认为，稻盛和夫已经是一个非常成功的大人物，无论是对外的功业，还是对内的修行，都达到了一个顶峰状态，这在企业家群体中都是非常罕见的，因此像稻盛和夫这样的人根本用不着如此严肃而认真地保持自省的习惯。可是在稻盛和夫看来，人无完人，即便是再成功的人也不可能做到完美无瑕。只要是人，就会犯错，就存在不足之处，而人的一生应当不断进行自我完善，弥补各种不足，确保自己更加完美。稻盛和夫一直强调一个观点：一个人获得成功并不意味着完美无瑕，成功的定义并不是不犯错误，而是在犯错误之后可以及时反省自己的行为。

在反躬自省的时候，稻盛和夫有着自己的自省标准，那就是按照自己长期以来一贯坚守的原理和原则来做评判，看看自己的思想和行为是否有悖于相关的原理和原则。稻盛和夫曾这样强调："原理原则既是正确与坚强的源泉，同时它也很脆弱，如不时刻告诫自己，它就会轻易被人遗忘。正因为如此，任何时候都不要忘记反躬自省，对自己的行为要反省，并把它们加入人生的原理原则里去。"

稻盛和夫一直主张把握好事物的本质和规律，运用化繁为简的思维方式来解决问题。他的思维模式和行为模式，都会严格遵循化繁为简这一要求，如果他在执行过程中出现了差错，他就会自我反省，看看自己是否偏离了事物的本质，把简单问题复杂化了。

又如，稻盛和夫强调动机至善，做任何事情之前都要认真反思自己的行为是否真的是为他人的利益着想，是否有什么私心，是否损害了他人的利益。即便这件事情做成功了，他也会照常进行反省，确保自己的出发点是正确的，确保自己的行为动机是合理、友善的。

在多年的经营管理事业中，稻盛和夫获得了惊人的个人成就，而且还赢得了道德上的美誉。但是随着个人地位的提升，随着个人威望的提升，稻盛和夫开始察觉到自己的内心发生了一些微妙的变化，不时冒出一些骄傲自满的念头，产生"我很强，我理所应当受到尊重"的想法。这种自大和傲慢的心态让稻盛和夫感到惭愧，可即便如此，它们仍旧会时不时在他的大脑中浮现出来。所以，在修心的时候，稻盛和夫一直都十分注意及时反省自己，每次有骄傲自满的想法产生时，他都会想办法调伏它们，用正念来净化心灵。他之所以一再强调自己必须在悔悟中生活，正是因为破山中贼易，破心中贼难。

稻盛和夫的自省习惯影响了一大批企业家，他们以他为榜样，在提升自己经营管理能力的同时，也进行规律性的自我修炼，不断在精神和思想层面上升华自己的认知。许多人将稻盛和夫称为"经营之圣"，不仅仅是认同他在经营管理方面的能力，更重要的是认同他的人生哲学和思维模式。他们认为，稻盛和夫的人生哲学和思维模式，才是支撑其经营管理才能的基础，他们愿意追随稻盛和夫的脚踪，发扬和拓展他的人生哲学。而效法稻盛和夫，最重要的一点就是要在实践中不断反躬自省，看看自己是否真的做到了像稻盛和夫那样出色，是否真的掐准了"何谓正确"，并按正确的方法去做正确的事情。

选人要看品德

在谈到他的经营秘诀时，稻盛和夫毫不保留地告诉他的同行："经营首先是由人来经营的，经营者的人性与人格非常重要，如果没有高尚的品德，经营者就不可能展开很好的经营。而经营者想要培养高尚的品德，就要想办法提高自己的心性，拓展经营。因此我经常说，经营的秘诀就是提高人性，这是非常重要的。"

稻盛和夫曾经在不同场合说起过这样一个故事：在最初创业的时候，他曾经研究过电子枪（电视机上发射电子用于生成影像的部分）上的专门承受高压电的零件：预成型烧结玻璃。这是一个棒状玻璃零件，注入了很多气泡，具有耐电压的性能。具体来说，科学家为了将金属密封到这个玻璃棒中，就往玻璃棒中注入了很多大小均等的气泡，作为金属和玻璃膨胀差的应力缓冲。由于技术先进，日本所有制造显像管的公司在长达40多年的时间里都从京瓷公司购买,最初的价格是20日元一个。

不过,对这个预成型烧结玻璃的技术要求非常高,因为一旦发生破损或断裂,就会导致一整根显像管报废,而在当时,显像管价格昂贵,据说达到了3万日元的高价。这也就意味着,如果价值20日元的预成型烧结玻璃质量不佳,发生了破损,那么就会导致3万日元的显像管报废。

预成型烧结玻璃的质量如此关键,以至于客户经常因为显像管报废的事情而向京瓷公司兴师问罪:"就是用了你们的玻璃棒,才导致产品报废,这是你们的责任。"对于客户的指责,京瓷公司也显得有些无奈,因为早在采购产品时,对方就曾这样吩咐过:"只要是这样的规格和物理性能就行了。气泡的大小大概是这样的,分布状态大概是这样的,耐电压性能是这样的就行了。"而在交货时,京瓷公司也明确强调自己是按照对方所要求的规格生产的产品。

双方经常为这些事情起争执,时间一久,难免影响到双方的生意合作,那么,该如何解决这些争执呢?如果直接退货,事情还好办一些,可对方常常要求直接进行赔偿,赔偿的金额为3万日元,按照这样的赔偿标准,京瓷公司估计会把家底儿都赔光。为了从根本上杜绝争执,京瓷公司责令科研人员集中攻关,为预成型烧结玻璃的气泡均匀问题寻找方案。由于玻璃棒中必须有很多气泡,这些气泡不可能每次都那么均匀,以至于显像管的稳定性得不到保证。

为了避免再闹出玻璃棒破损影响显像管稳定性的情况,稻盛和夫带领四五个本科学历的技术人员整日整夜、不眠不休地投入研究和制造工作,可是产出的预成型烧结玻璃的质量还是堪忧，问题不断出现。心灰意冷的稻盛和夫不得不重新审视固有的种种问题，很快便发现了症结所在，意识到产品之所以会出现质量问题，并不是因为研发人员的技术能力不行，而是因为他们的工作态度不好，有的带着不知哪儿来的满腹怨气，有的带着应付了事的心态，有的带着对领导和同事的偏见。总之，眼中只有自己，没把产品的质量放在心上。稻盛和夫说道："我们身边发生的种种现象，都是我们心灵的反应，因此，我们必须努力提升自己的人格。"

现在，京瓷公司基本上已经用不着派遣大学学历的技术人员盯在制造现场了，相关的工作由高中学历且经验足的员工负责，即可确保研发生产出来的产品不会有任何瑕疵。稻盛和夫由此认定，经营者和执行者的心灵至关重要，只有心灵高尚的人，才能够经营好一家企业，才能生产出更好的产品。因此，稻盛和夫在挑选人才时，不仅仅看重对方的工作能力，还特别看重对方身上的道德品质，只有品德过关，他才愿意录用。

稻盛和夫多次表示："选择合作伙伴主要看人品。人品就是指那人是利己的部分强，还是利他的部分强。我们与人交谈，或相处一段时间，他的人品就会表现出来，我们就会明白他是一个什么样的人。在挑选公司继承人时，更是把焦点放在人品上，就是说比能力、功绩更重要的是人品，这是选人的关键。"

很多企业在挑选和培养人才时，只看重员工的专业技能如何，而忽略了员工的道德品质如何，以至于把一些有能力但道德品质差的员工放在重要的岗位上，使他们有机会做出一些损害公司利益的事情，最终对公司的发展造成了严重的危害。许多公司都存在员工出卖公司内部信息和情报的行为：比如将重要的商业机密出售给竞争对手；也有一些员工，为了个人私利违反公司的规章制度，甚至以牺牲公司的发展目标为代价来换取个人的眼前荣耀。这样的员工，无论他的能力有多么强，都给公司创造不了多少价值和收益，反而会影响公司的战力，使公司蒙受不可挽回的损失。

稻盛和夫非常重视员工的道德素养，认为道德素养是决定员工价值的重要保障，他有一个观点："比能力重要百倍的，是均衡的人格。所谓均衡的人格，一方面，对待事情都要问一个'为什么'，讲究逻辑和理性，彻底追求和探明事情的真相；另一方面，又要富有人情味，与任何人都能友好相处。"

稻盛和夫认为，仅凭卓越的分析能力和理性的行动能力，并不能保证自己一定可以获得周围人由衷的协助。反过来说，一个人如果只是一个被大家公认的老好人，工作能力却不足以胜任。因此，为了把工作做得有声有色，人们要确保自己在具备理性主义精神的同时，还必须兼备非凡的人格魅力，吸引更多的人同自己一道努力。只有将科学严谨的理性与丰富活跃的感性融为一体且保持平衡，人们才能变得更具影响力。

这既是稻盛和夫对自己的要求，也是他对员工的期待。他渴望身边能够聚集起更多能力出众且道德素养也出众的帮手。

企业也需要掌握道德制高点

如果公司生产了一件产品，那么在推向市场时，应该如何对其进行定价呢？

按照多数人的理解，企业的发展本身就是以盈利为直接目的的，而盈利本身就要追求利润的最大化，所以在他们看来，企业的定价自然是越高越好，尽可能大地撑起利润空间。比如，同样是智能手机，在功能差不多的情况下，有的手机产品只要花2000元，有的却要3500元。这样的价差，必然是要价更高的企业获得更多的利润。而企业只要对市场有把握，就可以想尽办法来提高产品定价，让消费者花更多的钱买单。

按照这样的认知，任何一家公司都可以按照自己的意愿定价，尤其是一些具有垄断地位的企业，可以连招呼都不打，直接抬高价格，即便客户感到不满也没有办法，因为找不到合适的替代品。这样一来，这些垄断企业就可以凭着手上的定价权，获取惊人的利润。对这些垄断企业，稻盛和夫非常反感，他认为定价关乎企业的长期经营和发展，如果定价不合理的话，只图暴利一时爽，很容易对企业的长期经营造成冲击。

稻盛和夫认为，定价是领导的职责，价格应该定在客户乐意接受且公司能够盈利的交会点上。一般来说，公司肯定希望定价更高一些，因为这样可以在出售产品时获取更大的利润。但是一味提高价格，肯定会引起客户的不满，因为在顾客看来，定价自然是越低越好，这样他们就可以花更少的钱买到更多的产品。一方追求利润，一方追求成本控制，看上去应该是矛盾和对立的，而稻盛和夫在解决这个问题时，着重强调了利他原则，提出了"定价即经营"的策略和理念，企业应该在保证自身利益的同时，尽可能满足客户的利益诉求，打造一个既能让客户满意，又能让自己实现盈利目的的方案，从而减少彼此之间的矛盾和摩擦。

在选聘京瓷董事时，稻盛和夫为了录用一些具备商业头脑的人，直接出了一道考题——如何经营夜间面条店。他给候选人提供了购置面条店设备的资金，让他们尝试着做销售面条的生意，然后看看几个月后候选人究竟赚了多少钱。那么，稻盛和夫为什么要选择使用这个题目来选拔董事呢？毕竟卖面条只是小生意而已，和经营管理一家公司根本没有可比性。

对此，稻盛和夫的回答是："如何做面条生意已经包含了经营的一切精髓。比如说一个人想卖烧肉面，那么他就一定要做好计算和规划，看看用鸡汤还是排骨汤好，用鸡汁面还是手拉面好，应该放几块肉，需不需要加葱，加多少比较合适，等等。每个卖面的，选择不同，面条的做法不同，个人的盈利情况也会不同。

"此外，面条店的选址也很有讲究，开在学生街、商业街，还是工厂附近与郊区，不同的选址会产生不同的效果。开在工厂附近或者学生街上，价格应该实惠一些，争取以价换量，薄利多销。如果开在闹事和商业街，那么一定要注重面条的档次和品质，用料要好一些，而且装修也必须更加高档。还有营业时间也有不同的选择，有的人选择晚上营业，有的人选择早上营业，有的人选择中午和下午营业，需要针对不同的市场环境做出具体的安排，采取不同的定价模式。"

稻盛和夫打算用这个方法为公司内部的选聘把关，他非常看重候选人的定价能力。在他看来，定价就是定死活，定价就是经营，不同的定价体现了不同的经营思想，而定价会决定产品的销量，会决定产品发展的未来。稻盛和夫希望经营者可以适当让利于客户，确保单个产品的利润与销售数量乘积为最大值，然后据此定价，而该定价应该是顾客乐意支付的最高价格。在他看来，定价是否合理，不仅关乎企业的发展，还体现出了经营者的人格。那些贪婪的人，那些只顾着自己的私利而不注重为他人考虑的人，往往会给出一些离谱的定价，而这样的人是不配担任领导一职的。

稻盛和夫认为一个出色的企业家和经营者，应该主动去市场上做调研，要与客户、消费者进行深入交流，了解他们的真实想法，获取最真实的信息，然后针对性地制定相应的产品报价，这样才能有效避免自作主张带来的矛盾冲突。比如现在有很多地方在收取停车费的时候，领导会专门召开听证大会，邀请不同行业的人参与讨论，大家真诚交流，拟定合理的停车费。

稻盛和夫认为，企业的发展离不开客户，离不开合作伙伴，离不开消费者，企业应该尊重整个社会的游戏规则，不能为了私利就打破原有的平衡，人为地制造矛盾。一个聪明的人会想办法与客户进行交流，争取达到一个完美的平衡。

需要注意的是，定价即经营的理念强调的是平衡，而不是要求企业必须无条件地降价，不是要求企业需要本着利他原则降价。比如，市场上有很多企业会打价格战，甚至直接贴钱补贴消费者，做一些亏本生意，从表面上来看是有利于消费者和客户，但实际上这种恶意降价的价格战行为，最终会破坏行业的发展，推动行业走入死循环，引发产品质量问题。而有不少企业，其居心本来就是希望通过价格战来压垮竞争对手，以达到一家独大的局面，最终垄断市场，并趁机提高价格来剥削消费者。这样的经营模式，显然违反了"何谓正确"的基本内核，是一种不道德的竞争行为。

第六章

越是磨难处，越是修心时

保持乐观向上的态度，抱着梦想和希望，以坦诚之心处世。不管处于何种逆境，经营者应该保持开朗和积极向上的态度，这也成了我的信念。既然从事了经营，就不要害怕各种经营课题接踵而来，而且问题越是困难，越是不能失去梦想和希望。为各种经营上的问题所纠缠，却能顶住压力，坚忍不拔，这样的经营者身上似乎渗透出一种悲壮感，或者说因为我强调了坚强的意志和燃烧的斗魂，大家或许认为经营一定是苦差事，一定充满悲壮感。恰恰相反，正因为经营需要激烈的斗魂和不屈服于任何困难的坚强意志，所以经营者必须同时保持开朗的心态，一味紧张，有张无弛，长期经营下去就会出现问题。以乐观的态度，面对困难和逆境，乃是人生的铁则和成功法则，是经营者生存的智慧。

——稻盛和夫

改变消极的工作态度，寻找工作中的乐趣

在谈到工作的时候，常常会谈到一个话题：职业倦怠。职业倦怠通俗来说，就是人们厌倦了当前的工作，丧失工作兴趣，开始消极怠工，想要逃离当前的工作环境。职业倦怠的程度有高有低，而出现职业倦怠往往和工作选择有关，当人们选择的工作不是自己心仪的工作，甚至是自己不怎么喜欢的工作时，便容易产生倦怠心理。当人们发现自己选择的工作无法达到预期水准（包括薪资、晋升、环境）时，也会因为失望而产生倦怠心理。

职业倦怠往往会带来很多身心问题，导致个人对工作产生厌恶感和恐惧感，最终导致个人工作能力和工作效率下降。工作效率下降，对个人的工作和发展会带来严重的负面影响，因此需要及时消除职业倦怠。在谈到如何选择工作的时候，稻盛和夫有一个很著名的观点：人们如果要想拥有

一个充实的人生，只有两种选择：一种是"从事自己喜欢的工作"；另一种是"让自己喜欢上工作"。一般来说，从事自己喜欢的工作很难，因为想要做到专业对口、兴趣对口很困难，在多数时候，人们都难以在自己喜欢的工作岗位上工作，因此最重要的是努力让自己喜欢上所选择的工作。

稻盛和夫大学毕业后，很长一段时间内都找不到工作，为了解决就业问题，他最后选择进入一家名为松风工业的电瓷制造工厂上班。进去后才发现，这家企业由于经营管理不善，正处于破产边缘，整个企业内部充斥着悲观的气氛，领导们不是忙着挽救企业，而是忙着勾心斗角，争权夺利，企图在企业倒闭之前尽一切办法来满足个人的利益。职工们也有样学样，对未来毫无打算，不是应付了事，就是偷奸耍滑，根本没有将心思放在工作上。在这样的工作环境中，稻盛和夫也受到了影响，每天上班不积极，随便应付手头的工作，下班回家后又气冲冲地写信，向家人抱怨厂里的糟糕情况，唉声叹气地数落厂里的种种怪象，再三强调自己在这家工厂难以实现个人的伟大抱负。没多久，他甚至打算跳槽，但没有成功，又心不甘情不愿地留了下来。

得知稻盛和夫如此消沉，他的哥哥给他写了一封回信，在信中，哥哥痛骂了稻盛和夫一顿，告诉他改变环境是很难的，每个人最应该做的就是适应环境，寻求自我改良和发展的方法，而不是将一切不如意都归咎于环境。哥哥还非常不客气地批评道："一个人，只顾抱怨别人，其实是自己没出息。"

哥哥的这一封信，很快就将稻盛和夫给骂醒了，他开始为自己的消极态度感到羞愧，同时也意识到一点：既然自己暂时无法离开公司，还不如沉下心来做事。此后，他开始积极转变自己的工作心态，把锅碗瓢盆全部搬进实验室，一天到晚，除了休息吃饭，都扑在研发工作上。不仅如此，每次上班之后，他还会提醒自己要保持微笑。当听到同事们抱怨公司时，他便默默走开，然后静下心来做事，认真完成每一项工作。和那些在公司里混日子的人不同，稻盛和夫给自己制订了各种工作目标和相应的工作计划。自从明确了目标和计划之后，他对工作更加投入了，对未来也有了更多的期待，并慢慢地喜欢上了自己的这份工作，而且心情也变得积极乐观起来。

良好的心态，带来更大的工作激情。眼见着稻盛和夫的工作业绩越来越好，公司高层开始对他加以关注。后来，松下公司向松风工业下了一笔订单，是关于电视机显像管中的电子枪所使用的绝缘陶瓷部件以及U字形绝缘体的产品。在过去，这种产品都是从荷兰飞利浦公司进口的，日本国内根本没有同类产品。稻盛和夫于是亲自带领团队负责攻关这项技术，最终用了一年左右的时间成功合成了这种精密陶瓷材料。这一次的成功，不仅给他带来了很高的评价，也让他更加深入地体会到了工作的乐趣和意义。

在生活和工作中，往往就是这样，当一个人装着负面情绪，当一个人处于负能量的包围中时，个人的能量场就会对周边的环境造成破坏，也会给自己带来各种伤害。比如，在人际关系中，人们通常会选择接近那些高能量场的人，或者选择能够激发自身能量的正能量场。而那些经常怨天尤人，对生活和工作有诸多不满的人，定然是负能量缠身，这种负能量只会让别人躲得远远的，从而影响个人的发展。

生物学家认为，个人的情绪能量通常是寄存在人体细胞中，然后通过体内的神经缩氨酸相互传递，在传递的过程中，往往包含着个人的念头、情绪、思想、记忆，最终形成与之相关的细胞记忆。当不好的细胞记忆出现后，如果长时间无法得到排遣和解决，或者实现转化，那么不好的细胞记忆就会在体内产生毒素，而毒素积累到一定程度，就会对个人的健康和行为产生破坏性影响。一个长期被负能量困扰的人，对未来缺乏期许，往往会丧失自信，丧失前进的动力。

许多人在日常工作中，总是抱怨环境不好，抱怨自己不受公司的重用，抱怨内部缺乏公平，总是想着离职，想着跳槽到更好的公司。但在抱怨时，他们很少反思：是不是个人的心态出了问题。当人们面对一份不很如意的工作时，当人们发现工作和预期相差较大时，当人们在工作中遭遇挫折时，就会觉得工作不好，对工作失去兴趣，就会消极怠工，丧失激情和专注度。

稻盛和夫在他的人生哲学体系中，有一个基本的信念：如果改变不了环境，不妨尝试着改变自己。当面对不如意的人生境况时，最紧要的是消除自己的负能量，推动负能量向正能量转化，从而转变工作中的负面情绪，改变自己看待事物的方式，学会调整自己的心态，让自己喜欢上工作：

——坚持对工作认真负责，要求自己每一天都认真工作，完成每一个任务，改变不良的工作习惯，然后一直坚持下去。

——要改变看待工作的方式，选择新的角度去体验工作，尝试着从工作中挖掘出各种乐趣，或者尝试着使用不同的工作方法。

——在工作中设定相应的工作目标，通过目标来追逐强化自己的专注度，完成目标后对自己给予奖励，感受自身的价值和成功的喜悦。

——平时在工作中主动远离那些满身负能量的人，避免受到他们的影响。

——对未来的工作保持美好的憧憬，坚信以后会越来越好，增强自信心，并强化自己的兴趣。

通过一些有意义的调整和改变，人们往往可以建立起更好的心态，有效提升自己的工作状态。石油大王洛克菲勒曾给儿子写过一封信，在信中，他这样教导儿子："如果你视工作为一种乐趣，人生就是天堂；如果你视工作为一种义务，人生就是地狱。"这和稻盛和夫的工作哲学如出一辙，在这些顶级的成功人士看来，工作不仅仅需要技术的"提升"，还需要心性的修行，要做到"干一行，爱一行"。只有保持良好的心态，喜欢上自己的工作，打造一个正能量场，才能拿出更大的热情和专注度工作。

坚持心与心交流，才能减少摩擦

2010年初，陷入困境的日航在经营管理上几乎全线溃败，稻盛和夫应邀出山执掌日航管理大权，可是外界并不看好双方的这一次合作。此时，日航已经濒临崩溃，经济泡沫、养老支出、运营成本、沟通成本都非常惊人，大家认为即使是稻盛和夫也无力回天，于事无补。或许，日航也只是寄希望于依凭稻盛和夫在商界和民间的影响力，做一些浅层次的改革，延缓衰落的趋势。因此，当稻盛和夫进入公司管理层后，他很快发现自己的经营管理理念无法得到贯彻和实施，无论是公司的高管还是普通的员工，都很排斥他的一整套东西。他们认为，稻盛和夫的思维体系和经营管理方法没有任何实用的价值，至少是不适合日航。

为了让更多的人接受自己的经营管理理念，稻盛和夫积极行动，分批次找日航的高管和基层员工谈话，进行双向沟通。2010年6月到7月，稻盛和夫将所有日航的高管集中起来进行教育和培训。在培训会上，一贯温文尔雅的稻盛和夫表现得非常强势，当场痛斥那些对培训抱有抵触情绪的高管："你们这些人，就算给你们一家蔬菜水果店，你们都经营不了。早晨采购进来的货品到了晚上如果还没有全部卖光，那就是绝对的失败。"

稻盛和夫的批评唤醒了浑浑噩噩的高管，使他们开始意识到如果自己不做出一点改变，或许日航就真的完了。从稻盛和夫上任以来的情势看，他不像是做做样子而已。他在接下改造日航的艰巨任务后，便决心要进行大的改革，将日航从头到脚从里到外加以彻底、深入的改造。当然，仅仅依靠训斥和强权压制，并不足以让高管们信从，毕竟稻盛和夫只是一个临时接手的外来户，在日航毫无根基，他根本没有足够的力量来动摇高管们在日航内盘根错节的势力，如果贸然硬碰硬，双方的矛盾必定会迅速激化，到时，沦为孤家寡人的稻盛和夫在日航内部将不会赢得任何人的支持，注定被彻底孤立和反对，所谓的改革也就无从谈起。

稻盛和夫比谁都清醒地知道这一点，因此，在培训之余，他也经常会和日航高管举行AA制的小酒会。他举行这样的小酒会，并不是为了花天酒地，而是为了让双方可以坐在一起，掏心掏肺地谈论日航的症结，沟通各自的看法。稻盛和夫知道，想要赢得高管们的支持，就一定要拉近彼此之间的距离和关系，就一定要想办法进行心与心的深入交流，而借助小酒会，双方可以畅所欲言，开诚布公地谈论各自的心事和想法。果不其然，在举办了几次小酒会之后，稻盛和夫与高管们的关系缓和了很多，双方在很多问题上达成了一致，高管们也渐渐接受了稻盛和夫的管理理念和经营方针。

当高层领导的思想壁垒被打破之后，稻盛和夫再接再厉，逐步举行了不同层级管理干部和员工的培训，将自己的理念来了一次自上而下的传播和宣扬，最终成功说服所有日航成员接纳了自己。

在改革中，稻盛和夫意识到交流的重要性，于是要求日航所有成员不要死守规则和工作手册，不要每一次都按照手册上的标准行事，而要直面客户需求，提醒自己意识到顾客也是有血有肉的，从而能够结合实际情况，真正为顾客价值而努力。员工必须与客户进行心对心的交流，需要坦诚地说出各自的想法，确保准确了解客户的需求，同时向客户表明自己的立场和态度。

经过稻盛和夫的改造，日航的工作效率不断提高，内部的贪腐和低效得到了明显的改善，整个团队形成了前所未有的凝聚力，大家的团队意识变得非常强烈。不仅如此，诸如冷漠对待旅客、航班延误却不愿意与客户交流、拒绝在手册之外主动服务客户等现象不再出现，整个日航的服务水平实现了质的飞跃，业务很快有了起色。

加强以及加深内部的交流，一直以来都是稻盛和夫强调的事，他认为只有强化内部交流才能够推动内部协作的效率，才能够实现内部的统一作战。而在这一方面，最简单的方式就是经常与员工待在一起，在工作之余进行互动交流，平时给予员工更多生活上的关爱。稻盛和夫说过：

"如果在企业的经营形态中能够让全体员工都成为企业的经营者，那么这家企业必然能够成为一个强健的协助组织。

"然而在当时的日本却没有这样的经营形态，于是我开始尝试着在京瓷内部，以全体员工之间相互关爱、苦乐同当的家庭般的关系为基础，实行大家庭式的企业经营。

"为了与企业员工之间进行心与心的交流，培养像家人一样的信赖关系，我在公司里经常举办联欢聚会。在聚会的酒桌上，在与手下的员工们开怀畅饮的同时，谈论各自的心事。

"我与员工之间这种有如伙伴似的交往加深了彼此之间的信任，结下了超越各自作为企业管理者与普通员工立场的私人情谊。"

稻盛和夫认为只有深入交心，建立起超越各自工作立场的私人情谊，整个公司才会真正成为一个作战组织，才会形成一个彼此信任、相互协作、共同进步的伟大团队。

沃尔玛创始人山姆·沃尔顿曾经说过："如果你必须将沃尔玛管理体系浓缩成一种思想，那可能就是沟通，因为它是我们成功的真正关键之一。"通用汽车公司前总经理英飞也曾说过："我始终认为人的因素是一个企业成功的关键所在。根据我40年来的管理工作经验，我发觉所有的问题归结到最后都是沟通的问题。"如今，越来越多的企业重视内部的沟通，都在努力打造更加开放的内部沟通体系，试图靠着一个立体的沟通模式，确保内部可以实现完美交流，同时通过交流来提升内部的情感联结强度。但这些企业大都将沟通停留在工作层面上，并没有强调沟通的生活化，而稻盛和夫却大胆突破了沟通的界限，将其延展到生活中，并使沟通对内部的工作产生了更为积极的影响。

抑制欲望，保持纯粹之心

京瓷公司的太阳能电池项目曾经做得非常出色，但令人惊讶的是，稻盛和夫家里却没有安装这种太阳能电池，原因是他们家的屋顶非常小，加上前面的大楼遮挡了光线，根本没法安装太阳能电池，于是有人建议他换一套更大更好的房子，毕竟很多企业家都有私人别墅，都住在高档小区，甚至拥有自己的庄园，他完全可以拥有更好的居住条件。但稻盛和夫没有采纳这些建议，多年来始终坚持住在小楼房里，不认识他的人根本看不出来他是一位享誉全球的大企业家。

稻盛和夫的生活非常低调朴实，从来不会过分追求身外之物和那些极尽夸饰和奢华的生活场面。某一年，稻盛和夫来青岛做调研，一位记者向他抛出一个问题："您是怎样感知幸福的？"稻盛和夫没有直接做出回答，而是讲了一个生活小故事，他说自己和妻子基本上每一个周日都会约着一同下馆子，然后两个人每次只点一份汤面，两人各自吃一半。有时候，两个人胃口好，会多加一份炸蔬菜，同样是对半分。这样的生活让两个人感到幸福，并且期待着过每一个周日。这听上去有些不可思议，毕竟按照他的财力，无论什么样的昂贵美食，都可以品尝到，但他只愿意陪着妻子吃汤面，因为在他看来，最重要的不是吃了什么，而是在繁忙的生活和工作中找到一丝放松的机会，享受这样的时光才是人生最大的幸福。

作为一个早就实现了财富自由的大企业家，稻盛和夫的生活非常纯粹，对于人生的体验也很纯粹，不过多追求外物，而是追求内心的富足，颇有中国的隐士之风，类似于颜回的"一箪食，一瓢饮"。在稻盛和夫看来，一个人活着并不是为了享受，并不是为了追寻那些充满诱惑的身外之物，人应该有更高的追求，应该有更崇高的生活理念，应该拥有更纯粹的人生。有记者在京瓷公司鼎盛时期前去参观，发现京瓷的展厅里并没有稻盛的雕像或巨幅的照片，就连介绍稻盛和夫生平的内容也是一笔带过。稻盛和夫出入公司，基本上只有一两个随从和助理，和很多企业家被十几个人簇拥的情况截然不同。

反过来看其他人，我们就会发现很多时候人们喜欢假借外在事物来包装自己，喜欢追求名誉、地位、权力、利益，并且被这些外在的形式所捆绑，使个人的思想和行为模式都受到了很大的影响。这是一个价值多元且速变的时代，人们面临的诱惑有很多，人们拥有的选择也有很多，但太多的选择、太多的诱惑、太多的欲望，往往会让人迷失本性，失去前进的方向。

欲望太多，欲望太大，是很多人存在的最大问题。如果人们的一言一行，都是为了满足私利，都是为了满足自己日益膨胀的私欲，那么人们的言行也必将沾染上明显的逐利性，带上明显的自我满足属性。而人的私利和私欲，是一个永远填不满的无底洞，它甚至会驱使受其支配的人为了满足其私利和私欲而冒险做一些违法犯罪的事情。

一个聪明的人，懂得想办法给自己的人生做减法，尽可能回归到生活的本质。现如今，很多人都在提倡减法思维。减法思维不仅仅是去芜存菁，不仅仅是化复杂为简单，更是一种保持纯粹，减少身外之物，降低欲望的生活理念。中国有句老话："生不带来，死不带去。"这就是人生的真相，没有必要相互攀比，没有必要追求太多的物质享受，没有必要争名夺利。外物追求得越多，人的烦恼也就越大。吃可饱的饭，饮可解渴的水，穿可保暖的衣，住可遮风避雨的屋，人生简简单单就挺美好，没有必要被过多的外物牵绊住。

桥水基金的创始人达利欧在回忆自己成功之后的心路历程时，并没有表现出过多的快乐和自豪，而是非常真诚地发了一番感慨："年轻时，我仰慕那些极为成功的人，觉得他们因为非凡而成功。当我认识这样的人后，我发现他们都像我、像所有人一样会犯错误，会为自己的弱点挣扎，我也不再觉得他们特别与众不同、特别伟大。他们并不比其他人更快乐，他们的挣扎与一般人一样多，甚至更多。就算在实现最不可思议的梦想之后，他们依然会体验到更多痛苦，而不是自豪。我显然也是这样。尽管我在几十年前就实现了自己曾经以为最难以企及的梦想，但直到今天我还在苦拼。我逐渐认识到，成功的满足感并不来自实现目标，而是来自努力奋斗。想要理解我的意思，可以想象你最大的目标，不管是什么：赚很多钱，赢得奥斯卡奖，经营一家了不起的机构，或者成为运动明星。再想象一下你的目标突然实现了：一开始你会感到快乐，但不会很久，你将发现，你需要为另一些东西而奋斗。看看那些很早就实现了梦想的人，如童星、中彩票者、很早就达到巅峰的职业运动员，假如他们没有对另一些更大的、更值得追求的东西产生热情的话，他们通常最终不会快乐。生活总有顺境和逆境，努力拼搏并不只会让你的顺境变得更好，还会让你的逆境变得不那么糟糕。我至今仍在苦拼，我将这么做下去直到离世，因为就算我想躲避，痛苦也会找上我。"

一般来说，欲望带来的满足往往是暂时的，它只会不断增加心灵的负重，促使人们去追求更多身外之物。正因为如此，稻盛和夫要求保持纯粹的心。动机至善是一种纯粹，断舍离是一种纯粹，做最真实的自我也是一种纯粹。纯粹的人是不需要借助太多的外在事物来装饰自己的，也不需要太多的外在事物来证明自己，他们拥有一种单纯的自我认知模式，拥有非常淡然的心境，遇到任何事情都能够保持一颗宁静以致远的心。

稻盛和夫抑制过剩欲望的方法就是工作，他认为工作是最能修炼心性的方式之一："'愚直地、认真地、专业地、诚实地'投身于自己的工作。长此以往，人就能很自然地抑制自身的欲望。此外，热衷于工作，还能镇住愤怒之心，也会无暇发牢骚，而且日复一日努力工作，还能一点一点提升自己的人格。"

忘却感性的烦恼

早在20世纪，科学家发现人类的细胞对于陶瓷具有良好的亲和性，运用陶瓷生产的医疗产品可以用于人工骨骼的制作。京瓷公司很快意识到了这一点。而日本医学界也大力支持和推广运用陶瓷生产人工骨骼，于是，在日本医学界的指导下，京瓷公司成功出产了人造骨骼、人造牙根和人造股关节。

不久，厚生省对京瓷公司颁发了生产销售股关节的许可证。人工股关节得以规模化生产和上市，许多医生都给予了高度评价，医生们希望京瓷公司接下来可以深入研发，制造出人工膝关节。而想要生产人工膝关节，其实技术上的难度不大，关键是必须获得厚生省的上市许可。在获得许可之前，京瓷公司需要进行大量的临床试验，并把相关数据提交给厚生省审核。

医生们希望产品尽快上市，因此上门充当说客："陶瓷材质的人工股关节已经获得了非常好的临床效果，受益的病例就有好几百例，所以用陶瓷做人工膝关节是没有问题的。我们这些医生会负责的，为了许许多多受病痛困扰的患者，希望你们京瓷公司能尽快制造出人工膝关节。"

面对市场如此迫切的需求，京瓷公司毫不犹豫，直接开始生产和销售人工膝关节。产品在医院进行的临床试验，效果也非常好，这又进一步刺激京瓷公司加快了生产的步伐。可是有一天，一篇新闻报道在显著位置登载，大力批判京瓷公司在未经厚生省许可的情况下，擅自销售精制陶瓷材质的膝关节而敛财，痛责其为黑心企业。事情很快传播开来，使京瓷公司的形象瞬间大跌。为此，稻盛和夫多次公开致歉，还前去厚生省说明情况，但公司已受损的名誉不是在短期内能弥补回来的。

那一段时间，稻盛先生感到压力重重，为了寻求慰藉和解脱，他特意前往临济宗妙心寺派圆福寺拜访著名的西片担雪禅师。禅师在听完稻盛先生的倾诉后，说道："稻盛君，你之所以能感受到这样的烦恼和痛苦，正是因为你活着。人如果死了，那么就连烦恼和痛苦都感受不到了。你的烦恼和痛苦，正是你活着的证明，难道这不是件好事吗？"

稻盛和夫一听，忍不住点头，禅师接着说道："稻盛君，我不知道你过去犯了怎样的罪孽，但一个人积累的业障，会以灾难的形式在我们所能感知的主观世界显现。你之所以会倒霉，是你在过去所犯的罪孽，也就是业障所造成的结果。而随着灾难的发生，相应的业障也就抵消了。如果你遭遇的灾难夺走了你的性命，那么你的今生也就落下帷幕了。可看看你自己，稻盛君，你身体健康，精神抖擞，京瓷公司也依然是一家欣欣向荣的优秀企业。虽然由于人工膝关节的问题，大家对你及你们公司的批判甚嚣尘上，使你烦恼痛苦，感觉无地自容，但这种程度的灾难就把你过去的罪孽抵消了。稻盛君，你应该煮红小豆饭、摆酒宴庆祝才对啊。"

稻盛和夫恍然大悟，意识到这样的事件恰恰是洗刷自身污点和罪孽的机会，于是坦然接受了外界的批评，再也没有因为这件事而烦恼和抑郁。在这件事之后，稻盛和夫每次遇到什么不顺心的事情，都会这样安慰自己："不要老是愤愤不平，不要让忧愁支配自己的情绪，不要烦恼焦躁。为此，要全力以赴、全神贯注投入工作，以免事后懊悔。"

在稻盛和夫看来，人生本来就有诸多不顺，本身就存在各种挫折和困难，没有人会一帆风顺，既然这些挫折是无法避免的、为什么不坦然接受呢？稻盛和夫觉得，一个人因为外事外物而担忧、而恐惧，实在是过于感性的体现，对于解决问题并没有任何实际帮助。做人还是应该保持淡定的心态，无论发生什么事情，都不要妄动内心的念想，不要心随物动。忘却那些过于感性的负面情绪，坦然面对一切，才能有效解决困难。

俗话说："世上本无事，庸人自扰之。"很多时候，人们所谓的精神负担，所谓的精神压力，都是自己内心的脆弱引发的。由于缺乏理性意识，人们很容易感性地感知外来事件的刺激，并且做出感性的回应，这就是人生烦恼的由来，如果持守"不以物喜，不以己悲"的心态，那么烦恼自然不会出现。

1997年6月，在一次例行体检中，稻盛和夫被告知患上了胃癌，但他没有一丝的恐惧和忧虑，而是非常淡定地回了一句："哦，是癌症吗？"接着他继续坐着火车前往各地进行演讲，这些演讲原本就是他计划中的一部分，他并不打算因为癌的事情打乱既定的生活和工作。后来，在大家的强烈建议下，稻盛和夫做了胃部手术，可是手术两个月后，他就选择了皈依佛门。

在通常情况下，当人们知道自己身患癌症后，肯定会感到震惊、恐惧或者绝望，开始担心自己什么时候会突然死亡，担心自己的工作没有做完，担心自己的人生还有很多任务没能完成，还有很多目标未曾实现，或者担心家人会陷入悲伤的境地，担心自己爱的人将会无人照料，而诸多的担忧往往会加重自身的负担，甚至产生过激的情绪。而在稻盛和夫看来，无论人生遭受病痛、失败、破产、失恋，还是其他什么打击，都不值得为之伤感，这些感性的烦恼只会徒增个人的精神负担，对于自己解决问题并没有什么帮助。

在稻盛和夫看来，当不顺心的事情发生之后，最重要的不是黯然神伤或者在烦恼中自我伤害，而是要理性地思考，给出具体的解决问题的方法，只有集中精力把事情做好，才能够真正解除这件事所带来的不良影响。

不过，稻盛和夫并不认为忘却感性的烦恼就是要求人们无论做什么事情都要抛却情感，把自己变成理性的机器人。人们需要依赖自身的感性情感来强化彼此之间的交流，促进人际关系的进步，但在面对问题时，一定要运用理性思维来解决问题，避免沉溺在感性的情绪感知中无法自拔。

正视并接受自己的缺点

心理学家认为，每个人都具有优点和缺点，其中优点往往是激发个人不断前进的动力，而缺点则会在某种程度上阻碍个人的发展。缺点往往包含两种常见的形式：一种是硬件实力上的缺点，即所谓的硬件不足，通常包括技能不够强大，资源不充足；另一种是软件上的缺陷，诸如精神能量小，缺乏理性意识和自控能力。

一般来说，一个人如果想要获得成功，除了在优点方面加以拓展和发扬之外，还应该正视自己的缺点，想办法加以改进和完善。而在日常生活和工作中，很多人常常只看重自身的优点，而想方设法规避自己的缺点，甚至有意逃避自身的缺点和不足。而正是他们的规避和逃避之举阻碍了他们的成功，因为无法正视自身的缺点和不足，他们很难突破自身的极限，去做出一番伟大的事业。

桥水基金创始人达利欧认为，人们的最大缺点和最大优点是互为正反面的，也就是说，当人们不敢直面自己的缺点时，往往意味着人们对自身的优势也不是很了解，至少了解得不够彻底。在《原则》一书中，达利欧曾这样说道："我逐渐发现，人们的最大缺点与其最大优点互为正反面。例如，一些人倾向于过度冒险，而其他人的风险规避性过强；一些人过度关注细节，而其他人的思维过于宏观。大多数人都是在某个方面过度，而在另一方面不足。通常，当我们遵循自己的自然秉性做事时，我们可能考虑不到自身的弱点，这将导致我们走向失败。最重要的是失败之后怎么做。成功的人改变他们的做法，这使他们能够继续利用自己的优势，弥补自身的不足，而不成功的人不会这样做。"

　　稻盛和夫认为："人最伟大的能力，莫过于战胜自己的能力。"每个人都应该想办法战胜自己，战胜自己不仅仅是突破自己的极限，每天都获得进步，还要善于克服自己的缺点和不足，不断完善自我。

　　比如，稻盛和夫大学毕业之后，在公司里一直表现得很低调、很自卑，原因就在于他操着一口很浓重的家乡口音，这让他觉得周围的同事和领导看不起自己。为此，他很少与人说话，甚至都不敢在公司里接电话，总觉得自己是个没有见识的乡下人，比不上公司里的其他人。

　　时日一久，他变得越来越内向，越来越不自信，工作状态和人际关系也变得非常糟糕。后来的某一天，他意识到自己再也不能这样下去了，否则迟早会离开公司。既然自己的口音在短时间内没有办法改变，那就不妨试着去接受它，勇敢地开口去跟同事、领导、客户说话吧。随着他跟同事、领导、客户的交流越来越多，果然他也变得越来越自信。之后，在工作和生活中，稻盛和夫开始尝试着对自己的口音进行修正，逐步改善自己的沟通表达能力。

这一从自卑到自信的转变，使稻盛和夫认识到：任何人都会面对一些难题，都会遇到自己没有办法做到的事情。面对人生的难题时，最重要的是承认自己的不足，只有这样才能摆脱自卑感和挫败感，只有这样才能找到努力进步的起点，从而顺利地扬帆起航。

稻盛和夫一直注重修心，一直都强调个人的自我完善，而在自我完善中，不仅仅要注重提升和强化个人的优势，还要注重对缺点的改造，确保自己变得更加完美。这种改造，前提就是学会正视自己的缺点，主动挖掘和承认自己的不足之处，然后寻求切实可行的解决方法。多年来，稻盛和夫从来不回避自己的不足，无论在什么时候，无论面临什么环境，他都会坦然地分析自己，看待自己的优点和缺点，然后找到一个自我改良的有效方法。稻盛和夫这么做，影响了很多人，尤其是公司里的员工，纷纷效仿稻盛和夫，进行自省、自我批判和自我改进。很多出色的企业家听了稻盛和夫的修心秘籍，也开始学习稻盛和夫的做法，直面自己的不足，努力在技能和精神上提升自我。

许多人也许会认为稻盛和夫不是一般人，一般人不可能有稻盛和夫那样的思维层次和精神境界，不可能做到像稻盛和夫那样自觉自律地改进自己。

事实果真如此吗？一般人应该如何深化对自身缺点的改进和完善呢？

第一步，勇敢地将自己的缺点全部列举出来，写在纸上，在寻找自身缺点的时候，可以进行思考和回顾，深刻地剖析自己，看看自己存在哪些不足。或者也可以从外界寻求帮助，询问那些自己最信赖的人，问一问他们是如何看待自己的，让他们帮忙指出自己身上存在的不足之处，确保自己在自省时没有盲点。第二步，将所有缺点整理之后，认真分析这些缺点，看看哪些缺点对自己的影响最大，对自己的成长和发展产生了最大的阻力，找出它们，尽可能做好标记，然后按照重要程度进行排列，将影响最大的缺点放在最前面。第三步，想办法将列出来的缺点进行针对性的改善，努力完善和提升自己。在这个过程中，人们需要不断尝试着去挑战自己，做自己不擅长的事情，选择做自己害怕的事情，做自己一直无力解决的事情，通过这些事情可以反映出个人能力的缺陷和性格上的不足，然后针对性地进行自我挑战。这样做，有助于提升个人克服缺点的能力和勇气。

在通常情况下，人们只需要经历这三步，就可以有效解决完善自我的难题，让自己获得更多改进和重塑自我的机会。

把自己逼入绝境

如果遇到一件自己难以解决，或者会带来很大风险，但又不得不去面对的复杂问题时，人们通常会怎样做呢？

在多数时候，人们可能会抱着侥幸的心理，认为事情还会有转机，认为一定会否极泰来，认为自己的运气不会太差，有的人则选择逃避，觉得自己只要躲过这一时，也许情况会好转也不一定，而正是这些侥幸的心理，导致事情变得越来越糟糕。如果人们能够提前做出调整，能够事先找到解决问题的办法，那么情况或许会有所好转。

心理学家认为，人们存在趋易避难的心理，在面对困难的时候，人们所想的往往是如何逃避，当人们在两个不同选项中做出选择时，往往更加倾向于选择那个更容易的。这种心理很容易加剧人的畏难情绪，从而提前放弃拼搏，以致最终与成功失之交臂。而那些真正的成功者往往具备破釜沉舟的勇气，他们在面对避无可避的困难时，会选择主动迎击，直接将自己逼入绝境之中，断绝所有后退和逃避的念想；而当自己陷于绝境时，就会激发出更大的能量来应对危机。

著名的管理学者博恩·崔西写过一本名为《吃掉那只青蛙》的书，在书里，他提出了一个有趣的观点："如果你每天早上醒来做的第一件事情是吃掉一只活的青蛙，你就会欣喜地发现，在这一天接下来的时间里，将没有什么比这个更糟糕的事情了。"在博恩·崔西看来，一个人的生活和工作，不可能事事称心如意，不可能始终一帆风顺，在多数时候，人们都会遭遇各种困难和挫折。当自己面对这一类难以解决的复杂问题时，逃避和拖延并不是明智的做法，因为人们无论怎么逃避，问题始终在那里，而且会越来越严重，唯一的做法就是主动面对它们，最好是主动去解决那些难度系数最大的困难，只有这样才能确保后面的工作得以顺利展开。这就像吃青蛙一样，虽然味道实在不怎么样，但是吃掉这只青蛙，人们才能够顺利展开一天的工作计划。

吃掉青蛙的做法其实和稻盛和夫的生活理念差不多，面对必须解决的问题时，稻盛和夫曾经这样说道："'把自己逼入绝境'这个话题中，所谓'逼'，即'让自己全身心投入'之意，心无旁骛地专注于一事一物，是一种精神与意识高度集中的状态。这种状态，会让人在拼搏中受益无穷。"

稻盛和夫认为，一个人只要抱着诚实的态度，正视现实，选择迎难而上，就能发挥出平时难以想象的力量，绝处逢生。在《京瓷哲学手册》

里，有这么一句话：只要拼命努力，把自己逼至极限，终会得到"神灵的启示"。当然，灵感源于每个人自身的努力，但我觉得可以认为是神灵看到我们苦苦摸索的样子，而动了恻隐之心，于是给我们以启示。

无论是京瓷公司、KDDI，还是后来的日航，都曾面临困境，就在很多人打算劝说稻盛和夫放弃计划的时候，他却选择坚持下来，并且想办法带领团队努力奋斗，激发出团队巨大的能量，而正是这种巨大的能量改变了这些企业的发展轨迹，也奠定了稻盛和夫"经营之圣"的美名。

比如在创办京瓷公司初期，稻盛和夫曾经拜访了阔别已久的母校，他找到自己当初的老师，约着一起喝酒，畅聊人生。在得知稻盛和夫正在辛苦创业、搞研发的时候，老师出于好意，给了稻盛和夫一些建议："稻盛啊，这样下去，你的身体会吃不消的。如果不保持从容余裕的状态，是想不出好创意的。你是一个技术人员，有责任不断想出好创意并投身研发，所以别把自己逼得这么狠。"

听了老师的教诲，稻盛和夫非常客气地笑着说："老师，您这么说就错了。只有在进行研究时把自己逼至极限状态，美妙的创意和灵感才会产生。您说'如果不保持从容余裕的状态，是想不出好创意的'，但这所谓创意只不过是偶有所得的设想而已。如果靠这种信手拈来的设想，连一般的工作都无法顺利完成，更别说尖端的科研工作了。"

或许有的人会觉得稻盛和夫的话有些失礼，可他说的却是真理。他认为很多所谓的教授和研发人员只是单纯地从事学术研究，他们的生活环境比较安逸，对于学术研究没有太多的危机感和紧迫感，研究遇到困难可以换个方向，可以换一个项目，或者可以选择暂缓。但是创办企业不一样，自己的每一个决定都会影响到企业的发展和团队的生存，因此必须认真对待自己遇到的每一个困难。在很多时候，创业者需要拿出"即便赔上性命，也要研究到底"的心气儿，有意识地逼迫自己尽快解决困难，绝对不能随意拖延，更不能逃避。只有将自己逼入绝境之中，人们才有更多的希望去做好那些事。在现实生活中，那些获得诺贝尔奖的人，那些功成名就的企业家，哪一个不是经历过破釜沉舟，哪一个不是遭遇过重重困难，但他们最终获得了成功，就是因为有着置之死地而后生的勇气。

在之后的生活和工作中，稻盛和夫始终都在强调这一观点：逃避不可能真正解决那些复杂的问题，一个人只有将自己逼入绝境，才会变得更加出色，才有机会让自己更加接近目标。俗话说"尽人事，听天命"，"尽人事"就是将自己逼入绝境，激发潜藏的力量，这是稻盛和夫对自己的要求，也是他对所有团队成员的要求。只有实现了"尽人事"的环节，才能够进入"听天命"的境界，让自己安心立命，在精神上获得解脱和提升。

打造强大的心态

对于任何人而言，想要获得更大的成功，往往需要一颗强大的心。而强大的心通常和抗逆力有关，心理学家诺曼·加梅齐多年来一直研究抗逆力，他认为抗逆力具备三种基本形态：第一种是克服艰难的能力，简单来说，就是个人凭借内在信念和身体免疫机能等自我系统来化解危机；第二种是克服压力的因应能力，即个人的适应与应变能力，一般是指个人在面对压力时，为了避免自己受到伤害而做出的一些适应性行为；第三种是创伤复原的能力，它主要是指个人克服挫折的成功经验，诸如心理自动康复的能力、构建成功的因应能力，都可以有效帮助自己恢复心理健康。

抗逆力还具备三种常见的运作模式：第一种是免疫模式，即将过去的成功经验当作化解危机的重要条件；第二种是补偿模式，利用个人的人格特质或环境资源，协助个人防御生活和工作中遇到的危机；第三种是挑战模式,即将面临的危机当作强化个人解决问题能力以及促进自己成长的一份宝贵资产。

1999年,心理学家亨特做了一个关于抗逆力的访谈研究,他找到职业学校中经常出现旷课、拉帮结伙、暴力侵犯、未婚先孕等行为问题的学生,然后进行了访谈,而这些学生在谈到个人的经历以及情感体验时,无一例外都谈到了自己对生活环境的反抗,不过他们中的大多数人缺乏正确的反抗方式,他们可能会选择通过暴力来解决问题,有的人选择逃避人群,有的人会感到无所适从,只有少数人会选择正确的方式对抗压力。

亨特认为一般情况下,人们会处于"身心平衡状态",当面临外界的压力时,身体自动会调动起诸多的保护性因素与危险性因素进行抵抗。当保护性因素为主导时,抵抗就产生积极正面的效果,一旦危险性因素占据主导,人们就无法抵抗压力,原有的身心平衡就会被打破,甚至被瓦解,从而导致个体原有的认知模式可能快速发生改变,个人的信念、信仰、价值观可能都会被迫发生变化,并产生恐惧、内疚、迷惑等情绪体验,人们甚至会有意无意进行新的整合。

内心强大的人,往往可以达到更高水平的平衡状态,个人的潜能可以得到有效的激活,产生有效应对和战胜困难的能力,并在困境中积极成长。这样的人,具备很强的心理素质和调节能力,能够积极地调动相关资源,更高效地应对和处理生活压力。在这一方面,稻盛和夫早就深有体会,在少年时代,他就意识到了保持内心强大的重要性。

在上学期间,稻盛和夫不幸患上了结核病,当时由于经济条件不好,他没有办法接受正规的治疗,只能选择硬扛,寄望于自己能够得到命运的垂青。稻盛和夫的二叔和婶婶就是因为结核病去世的。身体的羸弱以及家庭环境的影响,使得稻盛和夫陷入巨大的焦虑之中,并常常毫无来由地担心来世是什么样子,从而消耗了他的大量精力。

在那个时候,他的身体日渐消瘦,而一个住在邻居家的租客,看他非常可怜,于是直接送了他一本书:《生命的真相》。在这本书里,稻盛和夫读到了一句令他触动很深的话:"我们内心有个吸引灾难的磁石。生病是因为有一颗吸引生病的羸弱的心。"

从那一刻起,稻盛和夫突然意识到自己之所以会患上焦虑症,就是因为当叔叔和婶婶生病时,一直都是由父母和兄长从旁照顾的,而自己因为害怕被传染,每次经过叔叔婶婶的房间都是小心翼翼的。但令人意外的是,父母和兄长都没有被感染,自己却不幸患病。原因就在于父母和兄长在面对这个疾病的时候都是坦然面对,而自己则避之唯恐不及,千方百计地保护自己免于被感染,这样,反而降低了自己的抵抗力,被病魔找上门。

经历过这件事之后,稻盛和夫强烈地意识到应该打造一颗强大的心,只有不畏艰险,直面困难,才能获得强大的能量,也才拥有对抗困难的能力。

稻盛和夫认为,心态往往会影响个人的表现。生病的时候,如果一直垂头丧气,消极应付,担心病情变得更加严重,那么身体状况往往只会越来越差,就像很多患癌症的人一样,心态好的人在治疗时效果更好,而那些心态不好的人，癌细胞很容易扩散到其他部位。管理企业也是如此，当企业经营出现问题时，如果天天活在担忧、抱怨、恐惧的消极情绪中，是很难找到解决问题的办法的，如果一直坚信自己能够找到解决问题的方法，身处逆境也乐观面对，事情反而更容易出现转机。人生不可能一帆风顺，最重要的是身处逆境的时候可以保持乐观积极的态度，靠积极努力去改变现状，使事态变得越来越明朗。稻盛和夫认为，这种乐观态度是与宇宙和谐共鸣的，带有一种正能量。

多年来，稻盛和夫一直坚守"事上炼"这一理念。正如稻盛和夫所推崇的王阳明先生所倡导的那样：越是磨难处，越是修心时。稻盛和夫认为："人有命运，但命运绝不是不可改变的。思善行善，命运就会朝好的方面转变。在这个过程中，重要的是，我们要把人生中遭遇的各种各样的事，无论幸运也好，灾难也好，都看作上苍对我们的考验。当考题是'幸运'时，我们要说一声谢谢，由衷感激，不得意忘形，不失谦虚之心，再接再厉，继续努力；当考题是'灾难'时，不悲叹，不怨恨，不消沉，不灰心，不牢骚满腹，一味开朗达观，一味努力向前，做好该做的事。无论顺利还是挫折，我们都要心存善意，排除恶念，这才是人生最重要的事。"

著名主持人杨澜曾经采访过稻盛和夫，她向他提出了这样一个问题："在中国有很多人对您的传奇经历非常感兴趣，但是我看了您的传记以后我发现，在您的年轻和少年时代似乎一直不很顺利，就好像天意故意要捉弄您一样，是什么使您在那样的时候没有自暴自弃？"

对此，稻盛和夫回答说："要说我为什么在那种不得志的情况下没有自暴自弃，走上邪路，这是因为我母亲是一个很开朗的人。我大概是承袭了我母亲的开朗性格，即使遭遇困苦的局面也能够去面对，拼命努力。我内心一直认为，只要去努力，幸运之神总会朝我微笑的。人生就是这样，个人也好，国家也好，社会也好，总会遇到困境。要把这种困境当作上天赐予的困难和磨炼，去直面考验，不懈努力。我从少年时代到大学毕业期间经历了许多磨难，但是上天是公平的，由于此后我拼命努力，上天也对我的努力做了回报。"

稻盛和夫将自己的个人感悟传递给更多的人，也真诚地希望更多的人可以培养起强大的内心，以更好地应对生活和工作中的风险，有效提升抵御压力的能力。而内心越强大的人，生活所能给予他的回馈也会越来越多。

第七章

人生不是一场物质的盛宴，而是一次灵魂的修炼所谓今生，是一个为了提高身心修养而得到的期限，是为了修炼灵魂而得到的场所。人类活着的意义和人生价值就是提高身心修养，磨炼灵魂。

——稻盛和夫

践行京瓷哲学，一切归于自然

在经济学中，存在两个重要的概念：理性人和经济人。经济人是指假设某人的思考和行为建立在目标理性基础上，这类人总是试图保证自身物质收益的最大化。《国富论》的作者亚当·斯密说过这样一段话："每天所需要的食物和饮料，不是出自屠户、酿酒家和面包师的恩惠，而是出于他们自利的打算。不说唤起他们利他心的话，而说唤起他们利己心的话，不说自己需要，而说对他们有好处。"按照这句话，经济人只是一些追求个人目标，而不会顾及他人的利己主义者。

而理性人是经济人的延续，一般是指那些能够关注自身利益，追求个体利益最大化的理性决策者。这类人总是努力寻找自己所能支配的资本，并寻求资本效益最大化的方法，他们通常只在乎利润是否最大化，收入是否最多，产品效用是否最大化。按照理性人的概念，作为经济决策的主体都是非常理智的，不会轻易感情用事，也不会盲从他人行事，他们习惯于各种理性分析和精确的计算。但现实生活中，人的理性是有限的，根本不存在绝对理性的人，毕竟没有人能掌握所有的信息，信息的局限性使得人们的理性判断不会超出其认知的范围，一旦超出其认知的范围，所谓的理性也就土崩瓦解了。于是，人们在做事的时候，即便做了自认为最合理的选择，也不会认为个人的利益得到了最大的满足。

因此，做人还是该有敬畏之心，不要试图去掌控一切，不要试图去洞悉一切，也不要总是觉得任何事情都是能够找到规律和方法的，在一些自己无法做到的事情上，有时候还是要把胸怀放开一点。对此，稻盛和夫的观点是：敬天爱人，敬就是敬重、敬畏的意思。"敬天爱人"的核心理念之一就是要求人们学会敬畏天道自然，遵循自然法则和自然规律而行，不要试图去主导一切，对于自己无能为力的事情，要顺其自然，以一颗平静的心去应对，尽量不要强求。当自己无力阻止的事情发生时，能够淡然处之，做到"泰山崩于前而色不变，麋鹿兴于左而目不瞬"。稻盛和夫认为，人力总是有限的，因此只需"尽人事，听天命"，确保自己的行为是合乎自然法则的即可。

比如，在谈到人类科技的进步时，稻盛和夫便表现出了难得的理性。尽管现如今的科学技术发展神速，但这并不意味着人们可以依靠自身的科技实力去改变一切，为所欲为。真正聪明的人，应该想办法认识自身的不足，将科学技术与自然法则相结合起来，而不是把科学技术当作无所不能的新偶像去崇拜，去做一些脱离自然发展规律的事情。稻盛和夫曾经批判科技领域盲目自大的心理："不错，是人类孕育了卓越的科技，但人类因此滋生了傲慢，现在的人类正在错误的道路上加速奔跑。我们不必提倡复古，但要像古埃及人一样，感谢太阳的恩泽，对太阳抱有虔诚的信仰之心，回归到这样的思想。就是说，傲慢的人类，应该重新以敬畏之心应对自然，回归尊重自然的哲学。"

在20世纪90年代，全球科技产业发展迅速，尤其是以互联网为核心的高新技术产业严重冲击着传统的工业，日本过去引以为傲的工业体系遭受严重的破坏，一大批电子企业惨遭市场淘汰，在这样的形势下，很多人开始唱衰稻盛和夫的经营管理理念，认为传统的那一套哲学管理体系已经落伍了，新时代的人不再需要那些"以人为本""遵循自然"的理念来经营管理公司，他们认为创新和勇气才是创造奇迹的关键，加上大量的资本运作，就可以在商业领域拔得头筹。可事实上，随着科技产业进入千禧年，互联网遭到了一波一波的打击，粗放型的发展模式让互联网企业备受争议，也滋生了大量的泡沫，这些问题或多或少都影响了行业的发展。这个时候，人们才意识到稻盛和夫所强调的"敬天"理念是多么合理，在任何一个时代都不会过时。如果企业家能够遵循自然之道，能够恪守自己的本分，那么他们的经营管理将会更加高效，他们对市场的影响力也会不断放大。

考虑到每一个人都有自己的目标和欲望，都有自己的情绪，在遇到一些自己无法解决的事情时，在遇到一些会影响个人决策的事情时，想要做到顺其自然的确很难。稻盛和夫强调感恩之心，强调放空自己，本质上就是要求人们保持一定程度的钝感力。钝感并不是所谓的迟钝，心理学家经常会使用ABC理论进行类比解释：A是指客观发生的激发事件，是个人直接感知到的东西；B是指大脑处理感觉器官所传输的数据和信息的过程，属于理性分析的思维；C代表了结果，是指个人行动、个人情绪表现等输出内容。迟钝的人往往只能够感知到激发事件，有时候甚至于连发生了什么也不知道；而拥有钝感力的人能理性分析激发事件，还可以在行为和情绪上做出相应的反应。

真正有钝感力的人，能够理性对待外界环境的变化，能够顺其自然，不会被外在的东西所影响，这与稻盛和夫强调的"忘却感性的烦恼"是一回事。

需要注意的是，稻盛和夫还认为，"敬天"应该体现为对人间大道、人间正道的尊重，也就是说，企业家的创业动机应该更加崇高，不能仅仅为了挣钱，而要从服务社会的角度出发，要本着为更多消费者谋福利的想法，要在经营管理的时候，更多地为员工、为客户、为合作伙伴考虑。不要做违背道德和法律的事情，不要为了满足自己的发展目标，而侵犯他人的利益。创业多年，稻盛和夫始终坚持做善事，始终坚持利他主义，坚守人间正道，为自己和企业都赢得了良好的声誉，这也是他的企业可以成为世界500强的原因。

幸福来源于对平凡生活的感知

幸福究竟是什么？

在回答这个问题的时候，相信很多人会直接将幸福定义为成功，习惯性地将幸福与名利、地位联系到一起，认为只有那些有钱人才会幸福，认为一个人只有成为人上人才能感知幸福。但事实上，只要认真观察生活、体验生活，就会发现真正的幸福往往来源于普通而琐碎的生活片段。幸福往往是人们对普通生活的感悟，因为这种普通的生活往往更加纯粹，更让人觉得放松和自在。

稻盛和夫的母亲晚年喜欢玩弹球游戏，在许多人看来有点不务正业，但稻盛和夫始终对母亲给予最大的理解和包容，并且陪同母亲一起玩弹球游戏。他认为母亲操劳一生，有权利在晚年的时候做一些自己喜欢的事情，享受最后的幸福时光。

稻盛和夫印象最深的并不是自己功成名就，并不是自己拥有强大的社会地位，而是这样一个温馨的片段：小时候，母亲常常端给他一碗黑糖煮的小豆粥和热气腾腾的粟饼，然后用温柔的目光看着稻盛和夫一点点喝掉。母亲坐在自己对面，那种满含微笑和慈祥的表情，成了稻盛和夫一生的幸福回忆。

这些都是极其琐碎的生活片段，基本上每个人都会经历，甚至于每天都会发生，但稻盛和夫认为真正的幸福就应该是生活的点滴，它们因为平凡普通，所以才会直击人心。与家人生活的记忆，与朋友一起喝酒的片段，与司机一起下酒馆吃牛肉饭的快乐，与妻子一同逛超市购物的经历，这些都是非常普通的小事，甚至普通到很多普通人都不想过多提起，但在稻盛和夫看来，这些才是构成幸福人生的最佳素材。

很多人在生活中索求太多，欲望太大，因此使人生背负很大的包袱，烦恼也随之越来越多，直接导致个人的幸福感越来越低。即便是一些家财万贯的人，本来不该再为钱财操心了，但还是欲壑难填，迷失在物欲横流的世界当中而不知悔改。世界上那些最有钱，或者权力最大的人，往往并不是最快乐的人，他们的幸福感或许还没有一个普通人那么强烈和饱满。

比如，搜狐老总张朝阳早年就积累了亿万身家，成为中国互联网时代的第一批富豪。那个时候他成天只想着如何挣钱，如何拓展影响力，每天都围绕着工作转动。可事业上越是成功，他在生活中却感到越来越失落和无助，自觉失去了很多普通人的幸福。

在某次接受采访时，他非常委屈地说道："我是真的什么都有，但是居然这么痛苦,我一直都有那种想法。我可以换个大飞机,然后周末出去旅行,比如叫一帮朋友去巴黎喝杯咖啡,就直接坐飞机飞过去了。也可以叫一帮俊男美女到三亚去沙滩打排球,想干吗干吗,烧烤、听音乐、迪斯科,就那样的一种生活——我觉得钱越多,我的自由度越大。可是经过这两年的阅历,我认为钱多不是幸福的保证,甚至如果你的心理、你的道德、你的原则,开始失控,你如果没有管理好自己的话,那么钱的多少就跟幸福没关系。以前如果别人说这个事,我会觉得虚伪,甚至我现在说,别人会指着我说虚伪,你说你什么都有,你站着说话不腰疼,但是真的是这么一回事,所以我现在就知道了,幸福跟钱多少真的没关系。而且一个人钱多,或者名气大,事业上获得了成功,可是如果你没管理好自己的话,往往更容易陷入精神的痛苦。"

张朝阳的痛苦体验或许是一个普遍现象。在富人圈子里,幸福有时候反而是一种奢侈品,因为当人们觉得自己什么都有的时候,往往会意识到什么都满足不了自己,会觉得没有什么事情可以给自己带来幸福。这也是稻盛和夫一直在警诫自己和他人的一个原因,他觉得人应该懂得放下物欲,应该用平常心来看待生活,认真去体验生活中的细节,做一些平常人都会做的事,这样才会体验到最平凡、最充实的幸福。

稻盛和夫一生面临诸多坎坷,事业、家庭、健康,都曾遭受重创,但幸运的是他一生都在感知爱,哪怕是一些琐碎的小事,他也能感知到其中的幸福,所以他一生也都被包裹在爱和幸福当中,哪怕在60多岁的时候,也是如此。那一年,他大病了一场,心有所感,于是在病愈后选择出家。

某一天，他鼓起勇气外出化缘，由于不习惯穿草鞋，他的脚指头踢到了小石子上，很快渗出了血，不过他还是坚持挨家挨户去化缘。一直走到傍晚，他才结束一天的历练，拖着疲惫的步伐往回走。

在路上，他看到一个在公园旁边做清扫工作的大婶，直接走上前化缘，对方给了他一枚100日元的硬币，感到诧异的稻盛和夫还没有回过神来，听见对方突然对他说道："师父，您一定很累了吧，回去的路上买个面包吃吧。"

一般来说，出家人在寺院里吃得很简单：早中晚各一碗粥，搭配两三根腌菜，想必这位好心的大婶肯定知道这一点。钱虽然不多，但是让稻盛和夫深受感动，感到幸福，正像他后来回忆的那样："当时我拿着这枚硬币全身像被电击了一样感到无上的幸福，眼泪难以自禁，全身被幸福的感觉包围着，公园的所有景物也好像变得光辉起来。我觉得没有比这更幸福的事了。我深深地体会到，原来这就是那种被幸福包围的感觉。这位大婶给我的100日元所蕴含的伟大的爱把我整个包围住，把我带到幸福的顶峰。"

对于幸福，稻盛和夫的理解非常透彻，他觉得真正的幸福应该和生活的本质有关，应该与情感的细微交流和碰撞有关，因此，每个人都应该学会感知生活，应该用心去体验生活，将情感的触角延伸到最细微的事情上，确保每一天都可以拥有幸福。

保持感恩之心

在日常生活和工作中，每个人都会遭遇不顺，遭遇挫折。当挫折来临的时候，人们常常会抱怨社会的不公，抱怨外在环境对自己不利，抱怨自己运气不好，抱怨其他人没有给自己提供足够的帮助，抱怨别人总是针对自己。各种各样的抱怨使得人们将大量精力和意志力消耗在无意义的愤懑和焦虑之中，根本没有想过如何去做出调整，如何让自己变得更好。

心理学家认为人们对自己失去的东西通常要更加在乎一些，相比于获得什么，人们可能会更加关注自己究竟失去了什么东西，这就导致很多人一味关注自己失去的东西，而忽略了自己所获得以及所拥有的东西。比如某公司员工因为工作不到位，遭到了客户的投诉，结果导致他被领导叫进办公室责骂一顿，扣除了本月的奖金。他越想越生气，觉得自己多年来兢兢业业地为公司努力工作，如今却因为一点小事而受到处罚，实在很不公平。同时，他也对客户斤斤计较、小题大做的行为很不满，毕竟自己也曾服务对方多年，为客户创造了大量的收益，对方不能如此不近人情。

这个员工很有可能会因为这一次的事件而选择离职，但是如果他愿意冷静下来想一想，就会意识到一点：或许多年来，正是因为这个"斤斤计较"的客户和管理严苛的领导，才促使他不断提升业务能力，他才会表现得如此专注，才会表现得越来越好，逐步实现他的人生价值。要知道，个人的成功可能来源于一个伟大的竞争对手，来源于一个非常严苛的领导，来源于一个不断挑刺的客户，来源于工作危机的各种磨炼。

也就是说，人们所遇到的每一次坎坷，遭遇的每一次挫折，经历的每一次失败，遇到的每一个阻力，都是有意义的，人们应该对生活心怀感恩，不仅要感恩那些帮助过自己的人，也要感恩那些给自己制造过麻烦的人和事。稻盛和夫在总结自己的一生时，曾经这样说道："在波澜万丈的人生中，无论遇到怎样的艰难和困境，都不能怨恨、叹息、堕落，而是应该积极乐观地接受人生考验，脚踏实地地付出努力。无论对于任何命运，只要时刻抱有感恩之心，积极进取，人生的大门自然就会敞开。在我古稀之年我深刻体会到这一点。"

或许，稻盛和夫在他很小的时候就在内心里埋下了感恩的种子。应该是在四五岁的时候吧，稻盛和夫曾在老家鹿儿岛居住，那时父亲会带他参与"隐蔽念佛"的活动，父子俩和其他人一同前往山上的一户人家，在一处佛坛面前诵经念佛，一个接一个向佛坛献香拜谒。在完成仪式后，一个僧人对他说："从今以后，你每天都要说'南无、南无，谢谢！'向佛表示感谢。活着时，只要这么做就可以了。"在那样的宗教体验中，稻盛和夫第一次感受到了感谢的重要性。而正是这种萌发于早年的朦胧意识，塑造了他的至善之心和感恩之心的原形。

稻盛和夫一生经历了数次坎坷，战争、贫穷、疾病、创业的压力、行业的巨变，这些都给他留下了很深的印象，也带来了很大的影响，但无论环境如何变化，生活中遭遇何种困境，他都能不断调整和强化内心，增强抵御危机的能力，同时也培养了一种感恩的心态，时刻保持对人生的敬畏，保持对生活的乐观，感恩生活中的磨难和挫折。而这种感恩的心态，使得他能对人生的困境保持较大的包容，对昭昭天命保持应有的敬意。

比如，京瓷原本只是一家毫不起眼的街道工厂，规模很小，竞争力也不强，可是稻盛和夫依靠强大的经营管理能力，使京瓷逐渐拿到了松下公司的订单。能够和强大的松下公司进行合作，让稻盛和夫感到欣慰。由于松下公司对合作要求非常严格，对于产品的质量有着严格的把控，这让许多合作商都感到压力重重，不少合作商抱怨松下仗着庞大的产业规模压榨小企业，甚至愤而选择离开松下。但稻盛和夫始终保持感恩的心态，认为松下愿意与京瓷进行合作，本身就是对京瓷公司的认同。双方达成合作关系后，京瓷不得不拼命研究新技术，不得不想办法寻求技术上的突破和品质的提升，变得越来越强大。正因为心怀感激，稻盛和夫带领京瓷成了松下公司非常可靠的合作伙伴，而京瓷也最终成长为一家实力雄厚的大企业。

稻盛和夫曾经谈起过人生的境界问题，他说："一个人如果想要厉害,从本质上来说,需要持续超越人生的境界。如果你深谙我们成长的阶段和持续超越的境界,或许就会明白,生命的觉醒本质上也是超越三个境界——生存,生活,生命。如果我们只是在生存,我们注定成为忙忙碌碌、毫无见地的人,如果我们能够懂得生命的本质是生活,如果我们的人生进入生命的境地,那么我们的生命就进入了完全感恩感谢的状态。你感谢所有的人,感谢所有的生命,感谢所有发生的一切,一切都是最好的安排,此时我们内心才会知道,生活中所有发生的一切,都是带领我们的生命自我成长的。"

在现实生活中,很多人仍旧停留在生存的境界和状态,所作所为大都是为了获利,为了取得个体竞争的优势。这样的人,并不真正了解人生的意义,也不懂得如何去享受人生的乐趣,因此,尽管他们非常忙碌,可是到头来反而活得很苦恼、很疲累,个人所能取得的成就也不会有多高。当一个人进入生活状态时,他会发现人世间很多美好的东西,会尝试着去体验各种不同的风格和模式,会想办法充实自己,并寻找让内心更加平和和幸福的法门。如果人们可以进入生命的境地,那么他就会对自己目前所获得、所拥有的一切心怀感恩,他能够站在生命的高度上来评价自己的一生,意识到自己所遇到的一切都是命运的馈赠。这个时候,个人的人生观和世界观就会得到升华。而反过来说,当一个人总是心怀感恩时,他的人生也会更加充实,生命也会被提升到一个更高的层次上。

人生需要建立一种正确的思维方式和信仰

在20世纪60年代到80年代，日本产生了一大批享誉世界的企业，松下、京瓷、索尼更是其中的佼佼者。这些企业也代表了当时世界上最高的经营管理水平，以至于在20世纪80年代，美国也有大批企业开始学习日本企业的经营管理模式。不过，随着20世纪90年代的到来，美国硅谷的先进科技产业尤其是互联网产业高速发展，严重冲击了传统的工业体系和工业秩序，美国互联网企业也因此快速崛起，并替代了日本的传统电子企业。在这种形势下，很多人认为传统的经营管理和社会责任已经不那么重要，企业真正需要的是冒险精神，是强大的资本运作能力，是掌握互联网技术和移动互联网的平台。

可是到了2010年，当稻盛和夫准备出山拯救日航时，人们意识到那个时代独有的经营管理模式重新回归视线，随着稻盛和夫快速将日航从死亡线上拉回来，并且推动其成功上市，外界顿时一片震惊。稻盛和夫的经营哲学又一次自证其价值，人们意识到稻盛和夫依旧站在企业家的顶端，稻盛和夫的哲学依旧在现代管理体系中占有重要的位置。

如果仔细进行分析，就会发现最近20年，商界有越来越多的声音唱衰稻盛和夫。企业家认为在新时代、新环境、新市场、新模式中，稻盛和夫所代表的那一套传统管理理念已经过时了，它们无法适应新的商业环境和商业模式，也无法说服新时代的创业者和经营者。很多年轻人还抨击稻盛和夫的理念只是一些"毒鸡汤"，根本无法解决任何实际的问题。他们认为，稻盛和夫不过是一个运气比别人好点的企业家而已。

在崇尚资本、崇尚勇气的创业环境下，越来越多的人开始加速抛弃传统的管理理念和哲学思维模式，但是稻盛和夫始终保持着对其哲学式经营管理理念的信仰。他始终相信，只要动机至善，只要一心为他人着想，只要有一颗爱人之心，只要懂得保持专注和认真，只要懂得尊重事物发展的自然规律，只要抛却名利之心，抑制欲望，那么就可以将自己的事业做大、做成功，就可以让自己的人生变得更加精彩、幸福。

这些信仰并不是对旧时代的固守，并不是一种落后的守旧的理念，而是对人生、对生命的真诚感悟。稻盛和夫所建立起来的有关经营和生活的信仰，在任何一个时代都不会过时，在任何一个时代都可以发挥它的作用，因为它本身就是对事物本质的一种精准把控。比如说爱人之心，这在任何时代，任何一家企业、任何一个团队组织中都是必要的，因为爱人之心可以保证团队意识以及团队的协作质量得到提升，可以保证业务的快速拓展，可以提升企业和个人的品牌形象，可以有效推动个人道德水平的提高。一个自私自利只爱自己的人，一个只喜欢活在自己世界中的人，是无法赢得更多的支持和信任的，也无法带领团队走向成功。

在如今的商业环境下，许多人之所以难以获得成功，就是因为私心太重，无论是创业还是管理企业，都是为了满足个人的私欲，都是为了让自己获得成功，然后将其他员工和同事当作工具人，当成实现自我价值的踏脚石。这些人只关心自己挣了多少钱，根本没有所谓的社会效益的概念，只关心自己的企业是否能够做大做强，从不关心自己的企业对整个行业是否会造成什么严重的危害。自然而然，他们也从来没有想过保障员工的基本权益，没有考虑过员工的幸福问题，更没有考虑过股权分配的事。正因为没有爱人之心，他们根本无法将事业做大，无法更长久地保持一个高速发展的姿态。

稻盛和夫提出过一个经典且影响力巨大的公式：人生的结果=思维方式×热情×能力。稻盛和夫认为一个人是否可以获得成功，可以获得多大的成功，取决于三个基本要素：思维方式、做事的热情以及做事的能力。

思维方式就是一个人看待问题、思考问题的方式和角度，即人们是如何看待这件事的，就会使用相应的方法去做这件事。热情是指做事时愿意投入的精力和时间，做事时的专注度和努力程度。能力指的是个人的健康程度、智力水平，以及专业技能水平。

现在有很多人觉得只要自己有天赋就行，就可以在自己擅长的领域内做出一番事业，但真正天赋惊人的人很少，即便是那些所谓的能力出众的天才，可能也会在竞争中落败，因为别人比他更专注、更努力、更认真。在龟兔赛跑中，乌龟不是靠天赋，而是靠久久为功的奔跑，靠坚持不懈的努力打败兔子，到达胜利的终点的。有的人认为，自己足够努力就可以了，只要自己工作认真负责，只要自己每天勤勤恳恳上班，保持工作热情就可以获得竞争优势，可实际上，别人可能比他更加努力和专注，而且别人的思维层次更高，视野更开阔，思考问题的方式更全面。

同样是科技公司，很多企业可能思考的是如何盈利，占领多大的市场，而有的企业则考虑如何为人们的生活提供便利，如何去改变人们的生活方式，提升他们的生活质量，如何为社会创造更大的价值和效益。前者强调"利润至上"，而后者有着"利润之上的目标"，两者之间的思维方式不同，最终的发展也会是天差地别。

在稻盛和夫看来，思维方式是整个方程式的基本前提，它可以是负数值，也可以是正数值。如果一个企业家总是想着做一些违背律法、伤害他人利益的事情，那么他的思维方式就是负数值，这个时候，无论他的天赋多高，工作有多么积极努力，结果往往也是负数，最终做得越多，摔得越惨。而那些心怀正念、坚守人间正道的人，可以进一步放大热情和能力的作用，顺利实现自己的奋斗目标。

这就是稻盛和夫一直坚守自己信仰的原因。在他看来，如果一个人没有信仰、没有正确的思维方式，只是依靠自己的天赋、运气和机遇做事，那么成功的概率是非常小的，而且很容易将自己带向万劫不复的境地。

寻找自己存在的意义

随着社会节奏的加快，随着物欲的不断膨胀，越来越多的人渐渐迷失自我，进退失据。稻盛和夫曾经不无感慨地说道："为什么如此闭塞的状况充斥着整个社会呢？那难道不是因为很多人找不到活着的意义和价值，迷失了人生的方向吗？我想对这个时代来说，最重要的就是从根本上质问人为什么活着。"

那么，人为什么而活着，人活着究竟有什么意义？

"人为什么而活着"，很多人或许都思考过这个问题，但并非所有人都能够看透这个问题，也并非所有人都知道这个问题的答案。比如，有的人认为人活着就是为了功成名就、名扬天下，这些人，带着强烈的功利心来看待生活和人生，因此其生活大都充满了竞争，充满了拼搏，充满了各种欲望。这些人当中，可能会有部分人获得成功，但多数人都被巨大的欲望压垮了。

因此，人生需要修行，需要不断提升自己的素养和觉悟，让自己更好地感知生活、体验生活，而不是一味寻求物质上的刺激。如果人活着只是为了追求财富和地位，那么个人是很容易迷失自我的。

有的人认为，人活着没有多大的意思，就是为了过平凡人的生活，就是为了体验普通人的人生历程，这一类人或许看得很开，看得很透，但他们中的多数人可能一辈子都碌碌无为。就像人们找工作一样，有的人是为了养家糊口，为房子、车子和孩子的教育奔波一生，他们对工作没什么太多的要求，只要工资到位就行，因此也没有完整的人生规划，也无所谓能不能实现自己的价值。更多时候，他们都在随波逐流。现在，有很多所谓的"社会夹心层""躺平一族"，其实这都属于放弃了自己。

在谈到人生在世的意义时，稻盛和夫说道："当有人问'人为什么来到这个世上'时，我毫不犹豫地、毫不夸耀地回答'是为了比出生时有一点点的进步，或者说是为了带着更美一点、更崇高一点的灵魂死去'。"

在这里，稻盛和夫强调的不仅仅是个人能力的提升，个人资源、生活经验和知识储备的增加，而更加看重的是个人灵魂的修炼。稻盛和夫希望一个人去世的时候，可以更加崇高，更加纯粹，更富有智慧，所以他主张人活着就要修炼和提升自己的灵魂，将自己拔高到一个更高的层次上。只有心灵更纯洁、灵魂更高尚的人，才能够活出真正的价值，正如稻盛和夫所说的那样："不论你多么富有，多么有权势，当生命结束之时，所有的一切都只能留在世界上，唯有灵魂跟着你走下一段旅程。人生不是一场物质的盛宴，而是一次灵魂的修炼，使它在谢幕之时比开幕之初更为高尚。"

"灵魂修炼"听上去有些哲学甚至是禅宗的味道，事实也正是如此，稻盛和夫本人就曾遁入空门，出家当和尚。对中国古典哲学以及禅宗思想，稻盛和夫非常看重，并将其融入自己的经营管理理念当中，从而形成了自己的独特的管理风格和人生哲学体系。在经营管理企业的时候，他始终坚持修心为上，认为只有让灵魂变得更加崇高，企业家才有足够的道德修养来管理企业，才能将企业推向一个发展高峰。中国人在评判某位领导时，爱说"德不配位"，稻盛和夫所强调的灵魂修炼从某种意义上来说，就是要做到"道德和社会地位的匹配"，只有在道德和人格上都居于高位的人，才有能力带领其他人获得幸福。

稻盛和夫认为，人生就是一场修行，而修行并不一定要去寺庙里参禅打坐，不一定要像那些苦行僧一样云游四海。精神上的修行，完全可以在工作中体现出来，将精力、情感、智慧彻底地投入眼下的工作当中，就是一种很好的修行。比如，在工作中要始终坚持正确的行为动机，要坚持正确的为人处世方法，要坚持按照正确的思维方式解决问题。稻盛和夫一直强调人们要保持认真和专注，要全身心地投入工作当中去，要坚持利他主义原则，从表面上看起来，稻盛和夫所强调的这些内容，只是为了让自己的工作更好做，只是为了更高效地实现目标，但本质上来说还是对个人修养的提升和灵魂的修炼，确保个人可以变得更加高尚和纯洁。

所以，许多人将工作当成了一种人生必须背负的重担，而稻盛和夫却通过工作来寻找生命的意义，坚持完成人生的蜕变。

人生就是一场心智修炼

稻盛和夫曾经说过：人生就是提升心智的过程。在他看来，一个人想要获得成功，就一定要提升心智，从旧心智中脱离出来，不断完善和进化，打造新的心智模式，确保自己有足够大的能量继续前进。

"心智模式"这个概念最早是苏格兰心理学家克雷克提出来的。所谓心智模式其实是指人们在看待世界和思考问题时自己感觉不到，但却时刻在左右自身行为的一种模式，是过去的经验、习惯、知识素养、价值观所形成的基本固定的思维认知方式和行为习惯，它就像长期记忆中隐含的关于世界的心灵地图。麻省理工学院的教授彼得·圣吉曾在《第五项修炼》中也谈到了"心智模式"的概念，圣吉直接将其称作"心灵地图"，认为它所描述的就是自己、他人、组织、世界各个层面的假设、图像和故事。从某种意义上来说，任何人、任何企业都具备自己的心智模式，就像计算机拥有属于自己的操作系统一样，操作系统的特性决定了应用软件的特性，决定了电脑的用途。

而在描述心智模式功能的时候，著名的心理学家弗洛伊德有一个生动形象的比喻：马在拉车的时候，老是以为是自己拉着这辆车跑，但真相是，对于车究竟去往哪里，马并没有任何决定权，马本身受车夫控制。那么，是车夫决定了马车的前进方向吗？也不是，因为车夫的驾车行为本身受到马车里坐着的客人控制。

在现实生活中，人们常常会认为自己掌控了某个东西，掌控了发展的趋势，却不知道背后往往有更深层的力量操控着自己，这种力量就是心智模式，它往往决定了个人与企业长期发展的走向。当心智模式很好地匹配外在环境和信息时，人们就可以高效地利用外在的环境为自己创造机会，一旦心智模式与外界信息不能很好地相容，人们就可能会在环境中遭遇挫折。心智模式无所谓好坏，重要的是，人们在遇到困难时必须找到不断完善它们的方法，要拥有一套改善心智模式的哲学。许多企业的经营管理存在很大的问题，于是邀请一些著名的咨询公司帮忙，可是经过一系列的措施完善，企业最终的发展还是走反了方向。为什么会出现这种情况呢？因为企业的心智模式没有发生改变，仅仅依靠外界力量的干预和引导，是难以真正改变现状的。

稻盛和夫几十年来创业多次，每一次创业都很成功，而且每一次都能够解决发展过程中遭遇的问题，原因就在于他一直都在努力提升心智，完善那些不合理的思维和行为，总是能够有效保证决策的合理性，避免受到经验主义和线性思维的影响。

《第五项修炼》里曾谈到一个观点，一个企业往往有两种理论：一种是企业自身所拥护的理论，这是企业家自己提出来的；另一种是企业所使用的理论，这是企业行为背后起支配作用的理论，即企业的心智模式。这两种理论，通常存在着很大的差距，甚至表现出相反的特性。企业所使用的理论，最终决定着企业的行为及其结果。当一家企业出现问题的时候，如果人们不注重改变企业行为背后起支配作用的理论，而是做糊裱匠，这边小修，那边小补，根本不能指望企业的命运发生根本的改变。

做人也是一样，很多人想了很多方法来改善自己的行为模式，提升技术水平，可是仍旧无法实现目标，就是因为个人的心智模式存在问题，如果没有找到改善心智模式的哲学，仅仅做一些皮毛上的改革，是无法改变个人命运的。正因为如此，人们需要修炼自己的心智模式，最重要的就是通过不断的学习来积累经验和知识，拓展自己的视野和格局，提升自己的思维水平，打造更加科学健康的价值观，确保自己能够将自己的知识内化成为个人的行为习惯，使之成为起推动作用的心智模式。

20世纪80年代，日本掀起了电信私有化的浪潮，公营事业开启了民营化进程，稻盛和夫看准时机，直接带领京瓷公司进军通信行业，而他所要面对的最大对手就是当时具有垄断地位的电信电话公社（简称电电公社）。电电公社在20世纪50年代创办，在很长一段时间内都是日本电信行业唯一的经营者，具有绝对的市场优势，这也使得它在短时间内可以快速壮大和发展起来。之后，它通过加强运营管理和改善通信设施，极大地提高了通信业务水平，然后顺带推出了各种优质的服务。不久后，私营化的电电公社改名为NTT，并且成功上市，在短短两个月内就打破了各项营收纪录。

当京瓷准备进军通信行业时，NTT的规模是京瓷的20倍，更何况京瓷是一家非专业选手，早年一直在陶瓷行业深耕细作，与电信产业几乎扯不上关系，自然很难与电信产生什么协同效应。不仅仅是外部，就连京瓷内部也对这一次的跨界尝试感到不理解，不少人都觉得这样做的风险太大了。

面对种种争议，稻盛和夫的观点是：一家企业最大的竞争力，不在于规模，不在于经济实力，而在于坚定的意志力，在于纯粹之心，且人们能够以了无私心的态度做正确的事。在稻盛和夫看来，日本在很长一段时间内，通信费居高不下，民众在通信方面的开支非常大，对于很多普通家庭来说，这是一个很大的经济负担。稻盛和夫认为，一家企业不能只想着从用户手里挣更多的钱，而要适度让利于用户，要让用户感受到看得见、摸得着的实惠。只有为民众谋福利的企业，才能赢得尊重，才能获得更大的竞争优势。

在稻盛和夫的游说下，大家同意了他的做法。最终，京瓷公司进入了通信行业，并且成立了KDDI。可是，在公司创立之初，稻盛和夫就遇到了一个巨大的挑战：为了实现更便捷的通信，公司需要在高山峻岭之间架设线路，而这样做的成本非常高，所要花费的钱定然会导致运营成本剧增，并最终转移到用户身上。如此一来，就和降低资费的运营初衷相违背了。

这一困局，在当时似乎是无解的，因为企业不可能自己贴钱做好事，毕竟那是一笔很大的开支，如果单纯为了满足用户降低资费的诉求，可能公司运营不了多久便会破产倒闭。如果按照正常的资费标准推行自己的通信业务，那么KDDI将不具备任何竞争优势，尤其是面对NTT这样的巨头，根本无力与之竞争。从某个角度来说，这是一个两难的局面，也是诸多想要进入通信行业的企业无法解决的难题。

那么，稻盛和夫会就此违背自己的初衷，或者干脆选择退出这个行业吗？显然，他是不会在困难面前轻易低头的。他会及时跳出自己的心智模式，另辟蹊径。面对这一次的巨大挑战，他想到了自己过去一直在企业生存、盈利与满足用户利益之间挣扎，那么，为什么不选择用新的方法和思维方式来解决问题呢？这个时候，他想到了利用移动通信来解决问题，移动通信可以有效克服高山的通信障碍和成本问题。正是因为有了这一思路，KDDI很快积极发展移动通信技术，最终成长为一家出色的通信公司。

同样，稻盛和夫在企业管理方面也始终坚持不断完善自己，升级迭代自己的心智模式。而在生活中，他也不是死守旧教条的冬烘先生，而是懂得与时俱进，不断提升自己的思维认知能力，让自己用更高层次的思维模式去思考问题，用更宽广的视野去分析问题。正是因为注重心智模式的提升和改进，稻盛和夫依靠其完善的人生哲学体系取得了巨大的成功。

后记

和其他企业家不同，稻盛和夫的成功并不在于某一种方法，也并不是所谓的性格即命运，他更多是靠不断更新和完善个人的生活理念。我们在分析西方的优秀企业家时，就会发现性格因素往往占有较大的比重，像乔布斯、马斯克、贝索斯都属于个性比较鲜明的一类人，在其成长过程中十分注重个性的发展，具有比较明显的性格特色和性格缺陷，争议也通常比较大。稻盛和夫与他们不一样，他更多地依赖哲学思维或哲学理念来武装自己，完善自己。对他而言，"修身"是一项重要的课题。他始终认为，只有在灵魂得到净化和提升时，个人才能在行为上有所突破。

从这个角度来看，稻盛和夫一直都在成长，一直都在努力完善自我。事实上，稻盛和夫注重"修身"，可以追溯到他的少年时代。比如，在谈到稻盛和夫的哲学理念和人生观、世界观时，我们应该看到原生家庭对他的影响。稻盛和夫曾多次和他人谈到父母亲在他的个人成长过程中所起的作用。虽然他的父母都是小学文化水平，但在做人和做事方面都给了稻盛和夫正确的引领。比如，母亲纪美18岁就嫁给父亲，还帮忙照看稻盛和夫两个尚未成年的叔叔，加上母亲一生中生育了7个孩子，身上的负担可想而知。但母亲从来不曾有任何怨言，主动担负起家庭重担，为人也非常善良勇敢，又善于变通，懂得与人和谐相处。相比之下，父亲为人虽然诚实正直，做事情很讲原则，但缺乏变通的能力。父亲早年经营一家印刷厂，效益还不错，但他对于形势缺乏判断，为人有些保守，母亲当时认为家里人口多，劝说父亲用挣来的钱购置房产，毕竟房产还是相对保值的，可是父亲却偏执地认为只要手上握有现金，日子就不会太难过。

当20世纪四五十年代日本陷入萧条的时候，货币严重贬值，父亲手里的钱几乎变成了废纸，由于当初没有听从母亲的劝告，家庭一下子陷入困境。但越是在艰苦的环境下，父母身上的那些闪光点越是夺目。那个时候，母亲将和服拿到黑市上卖给农民，然后换取米粮养家糊口，确保孩子们不会挨饿。

不仅如此，母亲还经常想方设法帮助亲戚朋友，比如那个时候，父亲老家的一些亲戚经常会到街上叫卖蔬菜，然后将卖不掉的蔬菜卖给稻盛和夫的母亲，心怀悲悯之心的纪美希望亲戚早点回家，也知道亲戚将蔬菜挑回家的成本太大，于是心甘情愿地买下蔬菜。父亲有时候回家看见家里堆满了蔬菜，就会非常气愤地抱怨母亲买了一大堆"没用的东西"，但母亲下一次还是一仍其旧。

即便是这样，照常有很多人在背后议论母亲喜欢贪小便宜，让亲戚吃暗亏。对此，母亲从来不曾有过任何辩解。稻盛和夫知道，虽然由于家庭困难，家里的确需要购入一些更便宜的蔬菜，但母亲这样做并不是为了贪图小便宜，而是为了降低亲戚们的损失。母亲的利他主义行为影响了稻盛和夫，并成为他日后的行为准则。

虽然父亲为人守旧，但父亲却是一个满怀正义感的好人。在上小学的时候，稻盛和夫遇到了一个嫌贫爱富的老师，这个老师对于有钱人家的孩子非常关照，也非常庇护，但是对那些穷苦人家的孩子却显得很刻薄，动辄打骂和侮辱。某一次，一名受到老师庇护的"乖学生"与稻盛和夫发生了冲突，老师将稻盛和夫叫到办公室谈话，结果被稻盛和夫当面批评嫌贫爱富，于是老师打了他几拳，还扇了他几巴掌，宣称他是学校有史以来最坏的孩子。之后，这个老师又直接在稻盛和夫的毕业档案里写上"乙等"，试图影响其他学校对他的录用。

当这件事被父亲知道后，稻盛和夫忐忑不安，担心父亲会批评自己，认为自己在学校里胡闹，目无尊长。但出人意料的是，向来讲原则的父亲并没有责备稻盛和夫，而是当面称赞了儿子的做法，认为儿子的做法是富于正义感的体现，一旁的母亲也应和父亲，对儿子的勇敢行为深表欣慰。

在稻盛和夫的成长过程中，家人对他性格的培养、道德理念的强化、哲学思维的形成起到了很重要的作用。正是因为拥有良好的家庭环境，稻盛和夫的人格塑造从一开始就打下了良好的底子。正如他所说的那样："不仅仅是我，促使我们每个人变成今天的根源，都早在童年时期就已形成。而在成长过程中，对孩子影响最大的，无疑是我们的父母。我自己也不例外，尤其是我深深敬爱的母亲教会我的事，时至今日我依然铭记在心。"

稻盛和夫的母亲纪美虔信宗教，非常注重自我修行，一直都在努力提升自己的修养，并且努力压制和排除内心存在的恶念。比如，她经常这样告诫几个孩子："你们都不是干坏事的孩子，但每当一个人独处的时候，就什么都想得出来，什么都做得出来，所以必须警惕。一个人的时候是最可怕的。但要记得，神和佛一直在看着我们，无论身在暗处还是哪里，都必须站得端行得正。即使独自一人，也一定要想着神和佛一直在看着自己，然后再行动。心中有疑惑时，也要告诉自己——神明在看着我呢，神明在看着我呢！"

母亲的教诲让稻盛和夫受用一生，他后来曾经感慨地说道："母亲的教诲深深铭刻在了我心里。即使一个人独处时，我也没做过坏事，真是不可思议。"可以说稻盛和夫身上的善念与自律和母亲的教诲密不可分。

在之后的生活和工作中，随着经验的积累和阅历的提升，个人对工作、对人生、对世界、对命运有了更为深刻的理解。比如，他曾患上结核病，差点死去，这样的经历让他把人生看得更加透彻，也更加积极乐观地面对生活。稻盛和夫对于中国传统文化非常喜欢，如果细心观察，就会发现他身上具备了中国传统士大夫的一些精神特质。他努力追求人格的完美，坚持利他主义，抑制内心的欲望，将修心当成人生的要务。他早年最喜欢的一本书是《了凡四训》，这本书使他很早就明白了因果关系，开始追求善心和善行，并且认为心存善念的人往往会有一个好的发展方向。

中国明代后期的大儒王阳明，是稻盛和夫最崇拜的先贤。王阳明作为孔孟与朱熹之后的大儒，其所倡导的学说和思想影响了整个东亚，而稻盛和夫就是王阳明忠实的拥趸，在其为人处世的方法和理念中，处处可以看到阳明心学的影子，可以看到他一直都试图将王阳明的思想践行于现实当中。

西乡隆盛是日本"明治维新三杰"之一，是稻盛和夫家乡的先贤，也是稻盛和夫所崇拜的人。西乡隆盛非常推崇王阳明，而且在研究阳明心学方面拥有很高的造诣，其为人清心寡欲，清正廉洁，主张"知行合一"，奉"敬天爱人"为其人生准则，始终强调领导者必须保持大公无私的心，必须学会舍弃自我，甘愿奉献自己而不求回报。如果认真加以分析，我们就会发现稻盛和夫基本上传承了西乡隆盛的衣钵，只不过稻盛和夫将其主要的哲学精髓进一步丰富和强化了。

一个有意思的事情是，稻盛和夫并不算是一个聪明人。在其初中、高中、大学时，他的表现并不出众，甚至经常考试不及格。他最初的梦想也只是当一个医生，但是因为学习成绩不好而难以如愿。毕业后，他根本没有能力进入帝国石油这样的大公司，就差到黑社会事务所上班了。之后，他只能选择到陶瓷厂当工人，而且进入的是濒临破产的松风工业，这是一家被人戏称为"在这样的公司娶不到媳妇"的企业。可就是这样一个再普通不过的人，最终成为"经营之圣"，很大一部分原因就在于他拥有更高层次的思维和理念——谙熟王阳明心学。稻盛和夫曾经直言不讳地声称，王阳明是他最大的偶像，作为王阳明的忠实拥趸，他一辈子都在贯彻和执行阳明心学的相关理念。

稻盛和夫先后创立两家世界500强公司，也是他践行阳明心学的集中体现。在总结这两家公司为何成功时，他非常自豪地说："当初未意识到'灵魂'的存在，只是觉得仅仅依靠'本能'的损益算计，或仅凭'感觉''感情'，乃至'理性'，来判断事物，做出决定，仍是不够的。最终必须以藏在'灵魂'深处的'是非对错''好坏善恶'作为判断基准，这就是原理原则。京瓷和KDDI有今天的局面，说到底，就凭这一点，并不复杂，更无高深莫测的东西。"

王阳明一生中实现了"立德、立功、立言"的终极目标，稻盛和夫也一样，他的德行、他的功业、他的理念都在产生积极的影响。严格来说，王阳明的学说主要分为三个核心思想："心即理也，心外无理，心外无物，心外无事""知行合一""致良知"。

"心即理也，心外无理，心外无物，心外无事"，强调的观点就是"心就是天道"。一切必须向内心求，人们生活的世界，是由自己的内心决定的，内心痛苦的人就会认为这个世界是痛苦的，认为人生下来就是来受罪的；内心光明的人，整个世界也就是光明的，他们觉得世界非常美好。稻盛和夫强调的修身修心就是让自己的内心更加健康，更加强大，避免受到外在环境的影响。

"知行合一"强调的是道德的自觉性和实践性，即人们不仅要知道这个道理，还要在实践中去践行和验证它的合理性。有的人知道为人处世的道理，但是从来做不到，或者说一套做一套，这些都是知行不一的体现。稻盛和夫严格要求自己必须做到知行合一，必须严格践行自己的哲学理念，他在经营管理企业的时候，完美地践行了自己的理念。

"致良知"是王阳明思想的核心概念，本质上是一种道德意识，也是稻盛和夫哲学理念的基本架构，稻盛和夫一直强调"作为人，何谓正确"，在他看来行善就是正确，保持善的动机，就是一种正确，所以他在其干事创业的过程中才有了以道德为基础的自我教育，才有了利他主义，也才有了感恩之心。

在阳明心学中，"心即理"属于开端和起因，"知行合一"是认知的过程，是一种实践，"致良知"则是一个根本目的。三者相互影响，成为一个有机的整体。稻盛和夫也懂得将其当成一个统一的整体，他始终强调：做人要心存善念，要在实践活动中践行这种善念，达到修身修心的目的。

只有了解了稻盛和夫的生平事迹和个人思想的成长经历，才能够更好地理解稻盛和夫为人处世的相关理念。